修訂五版

臺灣史

陳鴻圖　編著

三民書局

國家圖書館出版品預行編目資料

臺灣史／陳鴻圖編著.－－修訂五版二刷.－－臺
北市：三民，2014
　　面；　公分
　　參考書目：面
　　ISBN 978–957–14–5797–0　（平裝）

　1.臺灣史

733.21　　　　　　　　　　　　　　102006915

○ 臺 灣 史

編 著 者	陳鴻圖
發 行 人	劉振強
著作財產權人	三民書局股份有限公司
發 行 所	三民書局股份有限公司
	地址　臺北市復興北路386號
	電話　(02)25006600
	郵撥帳號　0009998–5
門 市 部	（復北店）臺北市復興北路386號
	（重南店）臺北市重慶南路一段61號
出版日期	初版一刷　2004年9月
	修訂五版一刷　2013年6月
	修訂五版二刷　2014年1月
編 號	S 610470

行政院新聞局登記證局版臺業字第○二○○號

有著作權‧不准侵害

ISBN　978–957–14–5797–0　（平裝）

http://www.sanmin.com.tw　三民網路書店

※本書如有缺頁、破損或裝訂錯誤，請寄回本公司更換。

編寫凡例

一、本書係針對大專院校非歷史系學生的通識課程而設計，內容
包括提要、正文、文獻導讀、問題與討論、延伸閱讀、附錄
等，論述觀點以臺灣為主體，內容淺顯易懂，適合自修或一
學期課程運用。

二、本書係編著性質，材料主要參考王育德、許雪姬、張勝彥、
吳文星、溫振華、戴寶村、薛化元、李筱峰、林呈蓉、吳密
察、若林正丈等前輩的相關論著，特此說明。

三、本書年代的呈現，終戰前一律以西元紀年，後用（　）註記
當時的紀元；戰後則一律用西元紀年，不再註記民國紀元。

四、本書出現專有名詞或帶有價值判斷的字詞，會以「　」方式
呈現，以示尊重。

臺灣史　目次

編寫凡例

第一章　誰是臺灣的主人

早期的臺灣

第一節 史前遺址與文化

提 要

在漢人來臺灣開發之前，臺灣已經有人類活動的紀錄，由於沒有文字紀錄，因此被稱為「史前史時代」，這段歷史主要由考古文化及早期原住民文化所構成，考古文化依時間可分成舊石器時代、新石器時代及金石並用時代三個時期。

遺址與文化層的形成

人類為了求生存而與環境互動所產生的各種類型的文化，除了現世生活中的表現得以觀察之外，在人類漫長的演化過程中，各種行為多少都會留下人類活動的痕跡，尤其是物質性的遺留，這些遺留物出現的地方就是考古學者通稱的遺址。

遺址通常沉埋於泥土之中或者水面之下，層層堆積著他們生活所需的石器、陶器、骨角器等工具以及食物殘渣、植物種子等生態遺物和房屋基址、墓葬、火塘、灰坑等遺址。

從自然堆積侵蝕等自然營力的觀點而言，遺址可能遭受破壞或被搬運到另外一個地點，形成二次堆積，因此並不是每一個人類使用過的器物或活動地點都能保存下來。

根據考古學者的研究，遺址的形成有它一定的過程，如下頁圖示。考古學家發掘此遺址時，發現除了表層是現代的堆積外，底下還有兩層以前的文化遺留，由於都是由下而上堆積，上一層的年代必較下一層晚，亦即第一個村落的年代早於第二個，此即文化層的形成過程。

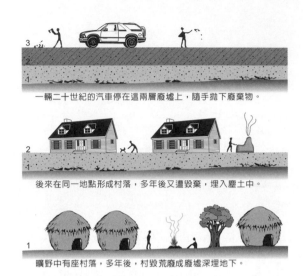

一輛二十世紀的汽車停在這兩層廢墟上，隨手拋下廢棄物。

後來在同一地點形成村落，多年後又遭毀棄，埋入塵土中。

曠野中有座村落，多年後，村毀荒廢成廢墟深埋地下。

遺址及文化層的形成過程（本局重繪）

遺址的分布及文化層

臺灣從 1896 年日人粟野傳之丞發現臺北芝山岩遺址，隨後日人伊能嘉矩和宮村榮一又發現圓山遺址後，百餘年間，考古學努力調查的結果，臺灣已發現近二千處的史前遺址。臺灣史前遺址的空間分布，就高度而言，從海拔一公尺的低地到海拔近二千公尺的高山，都有遺址被發現；從分布範圍來看，北自臺灣最北端的三芝、金山及基隆的和平島，南到恆春半島鵝鑾鼻附近，東起東海岸的全線，西至西部海濱，到處都有遺址的發現。除臺灣本島外，澎湖群島、小琉球、綠島及蘭嶼等附屬島嶼，也都有發現史前遺址，顯示臺灣地區從古至今均為人類樂於居住之地。

史前文化經過百餘年來的研究，其文化系統的層序依序為：舊石器時代、新石器時代和金石並用時代三個時期，見表 1–1。

最早的居民——舊石器時代晚期

臺灣目前所發現的舊石器時代文化以左鎮人（臺南縣左鎮鄉）❶和

---

❶ 目前所發現的左鎮人文物有少數人類頭骨化石殘片和牙齒。

表 1–1　臺灣史前文化系統（本局重繪）

距今年代	時代	區域					生活方式	主要事件	自然環境	
		北部	中部	南部	東部	澎湖			氣溫	海水面
500	歷史時代	十三行文化	番子園文化	大邱園文化	蔦松文化	龜山文化	靜埔文化	漢文化期	種稻種小米(?)狩獵捕魚採貝	製造使用鐵器石器減少與漢人交易		高於今日海面約1尺
1000	金石並用時代										
1500											
2000		植物園文化	營埔文化	大湖文化	卑南文化 麒麟文化		種稻種小米(?)狩獵捕魚採貝	社會地位分化 工藝技術進步	與今相似	較今日海面高約2-3公尺
2500		圓山文化							
3000	新石器時代	芝山岩文化				素面陶文化期			較今日海面高約1公尺
3500			牛罵頭文化	牛稠子文化	富山文化	細繩紋陶文化期		
4000							稻作農業出現	較今略高	較今日海面高約4公尺
4500					大坌坑文化			
5000		大坌坑文化	大坌坑文化	大坌坑文化		粗繩紋陶文化期	漁獵、採集、初級農業	陶器出現 磨製石器出現 初級農業出現	較今高約2.5°C	較今日海面高約4公尺
5500					長濱文化			
6000									
6500		長濱文化(?)	長濱文化(?)	長濱文化(?)					較今日海面低約5公尺
7000	舊石器(先陶)時代						狩獵採集捕魚採貝	打製石器無陶器	
7500									
8000									較今日海面低約15公尺
8500									
9000									較今日海面低約15公尺
9500									
10000			左鎮人						較今略低
50000									

「長濱文化」為代表，存在時間約在距今五萬年至五千年前之間。目前
所知「長濱文化」的文化特色是人口不多，主要居住在海邊的洞穴、岩
蔭或近海低地隱蔽背風之處，形成遊團式的社會，以漁獵和採集為主，
尚無農耕與畜牧，他們主要是利用打製的石器為工具，沒有製造陶器的
技術。

　　舊石器時代晚期，現今的臺灣海峽仍是陸地，中國大陸的人類可輕
易的隨狩獵的動物，由華南到臺灣，進而在臺灣定居。因此，臺灣的舊
石器時代文化與華南的若干文化有密切的關係，但還需要進一步的研究。

農業文明的出現——新石器時代

　　新石器時代的存在時間距今約七千年至三千年前之間，新石器時代
人類的生活與社會有了重大改變，人類對自然依賴度減少，磨製的石器、
農業的出現、陶器的使用，為這個時期重要的特徵。茲依時間先後以「大
坌坑文化」、「圓山文化」、「細繩紋陶文化」、「卑南文化」為代表說明各
文化特徵。

　　「大坌坑文化」❷的分布很廣，包括北部海岸、臺北盆地、西南部
海岸、東部海岸和澎湖群島。「大坌坑文化」與「長濱文化」在文化面貌
上最顯著的不同，是當時的居民已會製造陶器。可能由於製陶技術較為
原始，所以出土的陶器大都很粗糙鬆軟，腹部有紋，紋路粗且深，顏色
自橘紅到深褐，故又被稱為「粗繩紋陶文化」。發現的工具中有石鋤、石
斧與石簇等，可知當時的人已進入游耕階段，初種植根莖作物，後來也
有穀物的種植；但狩獵、採集仍占有重要的地位，農作生產技術屬初期
階段，生產力不足以維持大聚落的存在。由於糧食供應的增加與穩定，
當時人已有時間去從事工藝品的製作，因此「大坌坑文化」的陶器製作
非常漂亮，陶器上已經有很流暢的波浪花紋了，顯示當時的藝術水平已
相當高了。

---

❷　大坌坑遺址在臺北縣八里鄉大坌坑。

「圓山文化」分布在臺灣東北部海岸和臺北盆地中，以臺北市圓山貝塚遺址為代表。「圓山文化」的陶器質地含砂，顏色以紅褐色為主，多為素面無紋，但器體外表常施紅彩。石器的種類以磨製、打製和琢製為主，器形有肩石斧、有段石錛、大型扁平石斧等。玉器使用發達，有鑿、錛、腕環和耳飾等。圓山貝塚中曾發現仰身直肢墓葬，證明當時有將死者埋在貝塚中的習俗。

「細繩紋陶文化」或稱「繩紋紅陶文化」，此文化廣泛分布於臺灣的沿海地帶，目前已發現了近百處遺址，是臺灣各個史前文化中，在地域上分布最廣的一支。較具代表性的遺址如牛罵頭遺址（臺中縣清水鎮）、草鞋墩遺址（南投縣草屯鎮）、牛稠子遺址（臺南縣仁德鄉）等。「細繩紋陶文化」在器物上所表現的一般特徵是陶器以夾砂和細質的紅陶為主，手製但經慢輪修整，器形以罐形器和缽形器為主，紋飾以細繩紋為主，常施於陶器器身的腹部，有劃紋、方格紋、籃印紋和彩繪紋等。石器以打製和磨製的石鋤、石錛、石鏃、網墜和玉質飾物等。

「卑南文化」分布於東臺灣一帶，以臺東縣卑南鄉的卑南遺址為代表❸，遺物包括石棺中的陪葬品和各文化層中的日用品。石棺及陪葬品器形大都完整，有陶罐、陶壺、陶杯，及石刀、石矛、石鐮、石鏃、石網墜、石棒等。建築遺存包括立石結構、鋪石地面、砌石牆等。卑南遺址是目前臺灣所發現最大的史前聚落，當時的經濟活動以穀類農業和狩獵採集為主，居屋為石砌長方形，屋外有儲藏結構，聚落內可能有製陶和製玉等工藝作坊，男女成年時有拔牙的習俗，人死後可能行室內葬，而且社會上可能已有了貧富和社會地位的分級。由陪葬玉器與陶器的出現，可推知已有繁複的社會組織、宗教信仰與喪葬儀式；社會上可能已有部落聯盟或酋長的產生，並可能有戰爭行為的出現。

---

❸　卑南遺址在發現地設有卑南文化公園，教育部在離遺址不遠的康樂里設有國立臺灣史前文化博物館。

金石並用時代

金石並用時代存在時間約距今一千
五百年前，文化特色除了使用石器外，並
已使用鐵器；另外即陶器的硬度較高，且
圖案與色彩較豐富，有赤褐色網紋硬陶和
幾何形印紋陶的出現。由於鐵器的使用，
不但武器進步，農業工具發達，生產力大
為提升，聚落規模擴大，聚落數量持續大

十三行博物館（本局拍攝）

量增加，聚落間可能已有多社聯盟出現，臺灣目前發現的金石並用時代
文化以「十三行文化」最著❹。「十三行遺址」的聚落主要是位居海邊和
河邊，房屋可能是木造干欄式的，居民以種植稻米等穀類作物為生，捕
魚、採貝和狩獵仍是重要的生活方式；居民和臺灣島內及島外其他人群
進行交易，交易的物品包括漢人的銅器、銅錢和瓷器，以及金、銀、銅
和玻璃飾物等；在埋葬習俗方面，流行側身半屈肢，頭向西南的葬式。

◉ 文獻導讀

劉益昌，《臺灣的考古遺址》，板橋：臺北縣立文化中心，1992，
最後一章節錄。

我們能做什麼？

……我們應該將保護考古遺址和愛護鄉土的意識相連，從了解考古
遺址著手進而保護考古遺址，每個人以自己周遭的地區，或可能注意的
範圍著手，隨時注意考古遺址是否受到工程設施或其他人為的破壞，如
發現遺址遭受破壞或發現新的遺址，應立即向行政機關中的民政部門(即
考古遺址之主管部門，在中央為內政部，在省為民政廳，縣市為民政局)

---

❹ 十三行文化的遺址在臺北縣八里鄉，目前臺北縣政府在此地設有十三行博物
館。

或警察機關報告，也可通知學術機構（如中央研究院歷史語言研究所、臺大人類學系、臺東國立史前博物館籌備處等），前來處理和進行搶救工作。

　　當然萬一你也迷上考古，把考古遺址當成你我值得珍愛的公共文化資產時，你可能需要有更多的資訊和了解，至少以下的方式可供參考。

1. 查詢相關知識及自我訓練

　　查詢相關資訊是讓自己獲得考古學一般知識的機會。國內目前尚無通俗化的考古刊物，專業的雜誌是《中央研究院歷史語言研究所集刊》、《國立臺灣大學考古人類學刊》、《田野考古》、及《人類與文化》等，經常會出現考古學的專門性論著或遺址發掘報告。中外專門性書刊容易在中央研究院傅斯年圖書館及臺灣大學人類學系圖書室借到。臺灣地區關於考古學的專門人才訓練機構是臺灣大學人類學系及研究所，該系除一般人類學及考古學課程之外，另有「臺灣考古學」及「考古學田野理論與方法」等課程。每年寒假有「考古學田野理論與方法」的實習課，提供實際的田野工作，最近幾年都由黃士強先生領隊。另外救國團所舉辦的「臺灣史蹟研討會」也經常聘請考古學者演講，可惜沒有考古遺址的參觀或採集。中研院歷史語言研究所考古組和臺大人類學系另有不定期的考古田野工作。假若有機會可以實地參加考古工作，也許是一個學習的機會和終生難忘的經歷。

　　在自我訓練方面，參觀標本陳列室以實際接觸各類型標本，是一個相當良好的型態。專門的考古博物館有中央研究院歷史語言研究所考古館、臺大人類學系標本陳列室、省立博物館的人類學室及臺南市延平郡王祠的文物館等。尤其是臺南市文物館由地方業餘人士捐贈標本展出，實在難能可貴。

2. 對於遺址及遺物的處理

　　遺址的處理：假若是新發現遺址，通常要標定一個確實的位置，記錄和附近固定點的距離和方向，並對遺址的各種情況，如保存現狀、遺

物分布及文化層的觀察等作詳細記錄。如地貌是否改變或遭受採土、建築的破壞，河川及其他自然力的侵蝕等。

遺物的處理：假若遺址正遭受破壞，應立即採集標本，採集的標本應分類裝袋，袋子外面用不褪色的筆書寫採集地點、時間及方式。在現場或回家後清洗時應當避免搞亂，清洗晾乾後應當分袋或分箱保管，仍要註明採集時間、地點及方法。假使失去了這些記錄，那麼標本便只是一個沒有「身分證」的人造器物而已！做好記錄才不會使標本變成「呆標本」，最後再將這些標本送交博物館或學術單位處理展示，以使公共文化資產重回大家的懷抱！

◎ 活動與討論

臺灣大學人類學系標本陳列室、臺北縣十三行博物館及臺東縣國立臺灣史前文化博物館等單位,都擁有豐富的臺灣考古發掘物及展覽物品,同學不妨利用假期前往參訪,深度認識臺灣的史前文化。

◎ 延伸閱讀

1. 鹿野忠雄著，宋文薰譯，《臺灣考古民族學概觀》，臺中：臺灣省文獻委員會，1984。
2. 漢聲雜誌社，《八里十三行史前文化——搶救臺灣考古遺址》，臺北：漢聲雜誌社，1994。
3. 劉益昌，《臺灣的考古遺址》，板橋：臺北縣立文化中心，1992。
4. 臧振華，《臺灣考古》，文化資產叢書（古蹟類），臺北：行政院文化建設委員會，1999，增訂一版。

第二節　原住民社會與文化

提　要

　　臺灣的原住民分為平埔族與高山族,無論是平埔族或是高山族,就語言學而言均屬「南島語族」。從十七世紀漢人大量入墾臺灣以來,原住民的生存空間不斷地受到壓迫,少數族群面臨認同危機,甚至瀕臨消失。受到近年來正名運動的興盛,原住民的族群認同及文化活動,又再度活躍在臺灣的歷史舞臺。

臺灣原住民稱呼的歷史變遷

　　歷史上對臺灣原住民的稱呼,隨時間及環境的不同而有所變遷。清代以前的文獻將臺灣原住民稱為「東鯷」或「東番」。清代時則根據其是否納稅、漢化程度及居住區域,將原住民區分成「生番」及「熟番」❺。日治時期,對原住民有較明確且系統的族群分類,有「平埔族」、「高砂族」之別。戰後,國民黨政府並不承認平埔族的存在,將高砂族改稱為「山胞」、「高山族」,並依居住區域分為「平地山胞」、「山地山胞」;學術上則以「臺灣土著」或「南島語族」稱呼;1980 年代以後,「原住民」一詞成為臺灣原住民族群認同、民族識別的代名詞;1994 年,政府正式以「原住民」一詞取代「山胞」。

　　由於臺灣早期的原住民都使用南島語言,在人類學的學術用語上統稱為南島語族 (Austronesian)。所謂南島語族係指活躍在亞洲大陸南方島嶼群上、屬於同一語系的諸族群,南島語系包括三百到五百種不同的語

---

❺　「生番」又可稱為「高山番」、「山番」、「野番」;「熟番」又可稱為「化番」、「平埔番」。

言，人口約有一億五千萬人。臺灣位於南島語族地理分布上的最北端❻，目前考古學發現，臺灣「可能」是南島語族的發源地。島內各原住民雖同屬南島語族，但各族群間的語言仍有差異。

族群及分布

平埔族、高山族並非族群的名稱，是日治時期研究者對社會人群的指稱。根據歷史文獻及生活習俗來分類，目前平埔族可分為九族，由北至南分別為凱達格蘭族 (Keta-galan)、噶瑪蘭族 (Kavalan)、道卡斯族 (Taokas)、巴則海族 (Pazeh)、巴布拉族 (Papora)、巴布薩族 (Babuza)、邵族 (Thao)、和安雅族 (Hoanya) 及西拉雅族 (Siraya)，由於漢人不斷侵入及平埔族融入漢人社會，現在已很難尋出平埔族完整的歷史，只能從族譜、土地契約、祭祀儀式等探究一些蛛絲馬跡。

臺灣原住民分布圖

原本被界定為高山族的有九個族群，其族群分布由北至南分別是泰雅族 (Atayal)、賽夏族 (Saisiyat)、布農族 (Bunun)、鄒族 (Tsou)、魯凱族 (Rukai)、排灣族 (Paiwan)、阿美族 (Ami)、卑南族 (Puyuma)、達悟族 (Tao, 雅美族)。高山族的人口在 1915 年的統計約有十三萬餘人。目前經由臺灣官方法定的原住民族群，共有十四族，四十八萬餘人，除高山族的九族外，原屬平埔族的邵族和噶瑪蘭族，及位於東臺灣的太魯閣族 (Truku)、撒奇萊雅族 (Sakizaya)、賽德克族 (Seediq)，陸續獲得正名，其他原住民族群亦努

❻　南島語族在地理分布上，指東起南美洲西岸的復活節島，西抵非洲東岸的馬達加斯加島，南到紐西蘭，北至臺灣為止的廣大印度洋及太平洋海域。

力在爭取，期盼恢復原住民的身分。

平埔族的經濟與社會

　　一般認為平埔族為母系社會，所謂「母系社會」係指女子繼承制及婚姻禮俗的現象❼，並不是指所有的事務。平埔族的經濟活動，在未與漢人接觸以前，是以捕魚、打獵及農耕為主要生產活動。男人負責漁獵，狩獵對象以鹿及山豬為主，尤以捕鹿為重要，是歲末時的團體活動。婦女負責農耕，採游耕或輪耕的方式，種植旱稻、小米、蕃薯等農作物。在部落政治的運作方面，則由男人依年齡組織來負責處理。以巴則海族為例，年輕的男子須住於「公廨」，接受訓練；部落裡的長老，是部落中最有經驗者，他們才可以參與部落的公共事務。

　　平埔族人的社會生活型態單純，除生產活動外，織布、刺繡、縫製鹿皮為衣、構築干欄住屋、燒製陶器、竹工編藤等手工藝均很發達。在習俗方面，有刺青、拔牙、拔毛、染齒、吃檳榔等習慣。在宗教信仰方面，大多崇拜祖靈，西拉雅族會將祖靈陶罐置於公廨，因此被稱作為「拜

臺東・大武・小米田（許佩琪攝）

排灣族・石板屋：臺灣原住民的家屋多以竹、木、茅草等為建材，惟排灣族與魯凱族的住屋以石板為建材，極具特色。（許佩琪攝）

❼　平埔族男女的社會地位以女子較高，社會風尚重女輕男，男子入贅女方家，隨妻而居，財產繼承亦是以女子為主。

雅美（達悟）族・拼板舟：船體由二十多塊不同的木板組合，再以木棉或樹脂接合，完全不用一根鐵釘，每一塊船板所使用的樹材都是固定的。（許佩琪攝）

壼民族」。

　　受到十七世紀以來，漢人大量入墾臺灣的影響，平埔族人或因戰爭、或因通婚等因素，幾乎消失於臺灣社會之中。但事實上，不論在歷史發展或是漢人生活中，處處可以見到平埔族人的痕跡。在地名名稱上，很多今日的地名都是過去平埔族的社名，如今臺南縣的麻豆鎮，原名就是西拉雅族的麻豆社。就血緣而言，今日居住在臺灣數代的人，大部分多少都含有平埔族的血統，過去臺灣南部所流傳的俗諺：「有唐山公，無唐山媽」，正是此意。從生活習俗來看，漢人所祭祀的「地基主」或「土地龍神」的習俗，係源自於平埔族對祖靈的祭拜；福佬話稱自己妻子叫「牽手」亦是源自平埔文化，在臺灣的漢人文化受到平埔族文化的影響不勝枚舉。

高山族的經濟與社會

　　高山族各族間社會組織各異，有屬於母系社會的阿美族和卑南族，其財產與家族的繼承是母女相繼，但部落的公共事務則由男子承擔；也有和漢人社會相近的父系氏族社會，如賽夏、布農與鄒族，氏族是部落政治、經濟、宗教活動的基礎，因此族內有完整的氏族組織系統；也有階級顯著的貴族社會，如排灣族、魯凱族，土地為貴族所有，因此族人舉凡種作農田、溪流捕魚、山林狩獵等經濟活動，均要向貴族繳納租稅。

泰雅族・望樓（許佩琪攝）

阿美族・豐年祭（胡蕙萱攝）

泰雅族則以「祭團」（gaga）組織來維繫部落經濟活動及社會規範；達悟族則將有勞動力的男子組成「漁團組織」，共同造船、修船、捕魚，並平分漁獲。

　　高山族的經濟生活，主要以狩獵、捕魚與粗放農作為主。他們以傳統的弓箭，捕獵鹿、羌、山豬。農耕多採「刀耕火種」的輪耕方式，農作物主要有旱稻、小米和甘藷。高山族的宗教信仰，大多屬於精靈崇拜，認為宇宙由無數的精靈所支配，各族對於精靈的觀念並不一致，有些部族尚停留在精靈的階段，有些部族已將精靈系統化、人格化，甚至有出現雕刻的神像。

　　由於原住民的文化流失很快，再加上本身並沒有文字紀錄，因此今日要了解原住民的歷史文化，可從觀察或參與其祭典活動著手，原住民的祭典活動較著者如西拉雅族的平埔夜祭、布農族的打耳祭、卑南族的猴祭、賽夏族的矮靈祭、達悟族的飛魚祭、阿美族的豐年祭、排灣族的五年祭等，見表 1–2。

表 1-2　臺灣原住民重要祭典時間表（確實時間需洽詢）

月	項目	月	項目
1月	1.卑南族豐年祭：臺東縣各部落輪流舉行。 2.卑南族盪鞦韆：臺東縣建和部落。 3.南鄒族豐年祭：高雄縣三民鄉。	2月	鄒族戰祭：嘉義縣阿里山鄉達邦或特富野。
3月	達悟族飛魚祭（3-7月）：臺東縣蘭嶼鄉。	4月	布農族射身祭：臺東縣海端鄉初來、延平鄉紅葉、南投信義鄉、高雄三民鄉。
5月	阿美族海祭：花蓮縣豐濱鄉港口部落。	6月	達悟族小米收穫祭：臺東縣蘭嶼鄉。
7月	1.卑南族盪鞦韆：臺東縣卑南鄉初鹿部落。 2.卑南族海祭：臺東縣卑南鄉南王部落。 3.卑南族小米收穫祭：臺東縣卑南鄉知本部落。 4.阿美族豐年祭（7-8月）：東海岸及花東縱谷各部落。 5.魯凱族小米收穫祭：臺東縣卑南鄉大南部落、屏東縣霧臺鄉各部落。 6.賽夏族收穫祖祭：新竹縣五峰鄉、苗栗縣南庄鄉。	8月	1.鄒族小米播種祭：嘉義縣阿里山鄉達邦村或特富野。 2.邵族祭白鰻（農曆7月初3）：日月潭。 3.排灣族小米收穫祭：屏東縣春日鄉、來義鄉。
9月	邵族新年祭（農曆8月初1至15）：日月潭。	10月	排灣族五年祭（每五年舉行一次）：屏東縣春日鄉七佳、來義鄉古樓部落、臺東縣達仁鄉土阪部落。
11月	1.賽夏族矮靈祭（雙數年舉行，逢尾數六的年份舉行十年大祭）：新竹縣五峰鄉、苗栗縣南庄鄉。 2.賽夏族祈天祭（奇數年舉行）：新竹縣五峰鄉、苗栗縣南庄鄉。	12月	1.卑南族猴祭、大獵祭：臺東縣卑南鄉八社部落各自舉行。 2.賽夏族收穫祖靈祭：新竹縣五峰鄉、苗栗縣南庄鄉。

◎ 文獻導讀

陳第，〈東番記〉，收錄於沈有容，《閩海贈言》，臺北：臺灣銀行經濟研究室，1959。

東番夷人不知所自始，居彭湖外洋海島中，起魍港、加老灣，歷大員、堯港、打狗嶼、小淡水、雙溪口、加哩林、沙巴里、大幫坑，皆其居也。斷續凡千餘里，種類甚蕃，別為社，社或千人，或五六百，無酋長，子女多者眾雄之，聽其號令。性好勇，喜鬬，無事晝夜習走，足蹋皮厚數分，履荊刺如平地，速不後奔馬，能終日不息，縱之，度可數百里，鄰社有隙則興兵，期而後戰，疾力相殺傷，次日即解怨，往來如初，不相讐，所斬首剔肉存骨，懸之門，其門懸骷髏多者，稱壯士，壯士，地暖，冬夏不衣，婦女結草裙，微蔽下體而已，無揖讓跪拜禮，無曆日文字，記月圓為一月，十月為一年，久則忘之，故率不紀歲，艾者老髦，問之弗知也。交易結繩以識，無水田，治畬種禾，山花開則耕禾熟，拔其穗，粒米比中華稍長，且甘香，採苦草，雜米釀，間有佳者，豪飲能一斗。時燕會則置大罍團坐，各酌以竹筒，不設肴，樂起跳舞，口亦烏烏若歌曲，男子剪髮，留數寸，披垂，女子則否，男子穿耳，女子斷齒，以為飾也。（女子年十五六斷去唇兩旁二齒）地多竹，大數拱，長十丈，伐竹搆屋，茨以茅，廣長數雉，族又共屋，一區稍大，曰公廨，少壯未娶者，曹居之，議事必於公廨，調發易也，娶則視女子可室者，遣人遺瑪瑙珠雙，女子不受則已，受，夜造其家，不呼門，彈口琴挑之。口琴薄鐵所制，齧而鼓之，錚錚有聲，女聞納宿，未明徑去，不見女父母。自是宵來晨去必以星，累歲月不改，迨產子女，婦始往壻家，迎壻如親迎，壻始見女父母，遂家其家，養女父母終身，其本父母不得子也。故生女喜倍男，為女可繼嗣，男不足著代故也。妻喪復娶，夫喪不復嫁，號為鬼殘，終莫之醮。家有死者，擊鼓哭，置尸於地，環煏以烈火，乾露置屋內，不棺，屋壞重建，坎屋基下，立而埋之，不封，屋又覆其上，

屋不建，尸不埋，然竹楹茅茨，多可十餘稔，故終歸之土不祭。當其耕時，不言不殺，男婦雜作，山野默默如也。道路以目，少者背立，長者過，不問答，即華人侮之不怒，禾熟復初，謂不如是，則天不祐，神不福，將凶歉，不獲有年也。女子健作，女常勞，男常逸，盜賊之禁嚴，有則戮於社，故夜門不閉，禾積場無敢竊。器有牀無几案，席地坐。穀有大小，豆有胡麻，又有薏仁，食之已瘴癘。無麥蔬，有蔥，有薑，有番薯，有蹲鴟，無他菜。菓有椰，有毛柿，有佛手柑，有甘蔗，畜有貓，有狗，有豕，有雞，無馬驢牛羊鵝鴨。獸有虎，有熊，有豹，有鹿。鳥有雉，有鴉，有鳩，有雀。山最宜鹿，儦儦俟俟，千百為群。人精用鏢，鏢竹棅、鐵鏃，長五尺有咫，銛甚，出入攜自隨，試鹿鹿斃，試虎虎斃，居當禁不許私捕鹿，冬，鹿羣出，則約百十人即之，窮追既及，合圍衷之，鏢發命中，獲若丘陵，社社無不飽鹿者。取其餘肉，離而臘之，鹿舌鹿鞭（鹿陽也）鹿筋亦臘，鹿皮角委積充棟。鹿子善擾，馴之，與人相狎習。篤嗜鹿，剖其腹中新咽草將糞未糞者名百草膏，旨，食之不饜。華人見，輒嘔。食豕不食雞，蓄雞任自生長，惟拔其尾飾旗。射雉亦只拔其尾，見華人食雞雉則嘔，夫孰知正味乎！又惡在口有同嗜也！居島中，不能舟，酷畏海，捕魚則於溪澗，故老死不與他夷相往來。永樂初，鄭內監航海諭諸夷，東番獨遠竄不聽，約於是家貽一銅鈴使頸之，蓋狗之也，至今猶傳為寶。始皆聚居濱海，嘉靖末，遭倭焚掠，迺避居山，倭鳥銃長技，東番獨恃鏢，故弗格。居山後，始通中國，今則日盛，漳泉之惠民充龍烈嶼諸澳，往往譯其語，與貿易，以瑪瑙磁器布鹽銅管環之類，易其鹿脯皮角，間遺之故衣，喜藏之，或見華人一着，旋復脫去，得布亦藏之，不冠不履，裸以出入，自以為易簡云。

　　野史氏曰：「異哉！東番從烈嶼諸澳，乘北風航海，一晝夜至彭湖，又一晝夜至加老灣，近矣。迺有不日不月，不官不長，裸體結繩之民，不亦異乎！且其在海而不漁，雜居而不嬲，男女易位，居癉共處，窮年捕鹿，鹿亦不竭。合其諸島，庶幾中國一縣，相生相養，至今曆日書契

無而不闕，抑何異也！南倭北虜，皆有文字，類鳥跡古篆，意其初有達人制之耶！而此獨無，何也？然飽食嬉遊，于于衎衎，又惡用達人為？其無懷葛天之民乎！自通中國，頗有悅好，姦人又以濫惡之物欺之，彼亦漸悟，恐淳朴日散矣。萬曆壬寅冬，倭復據其島夷，及商漁交病，浯嶼沈將軍往勦，余適有觀海之興，與俱。倭破，收泊大員，夷目大彌勒輩率數十人叩謁，獻鹿餽酒，喜為除害也。予親覩其人與事，歸語溫陵陳志齋先生，謂不可無記，故畧其大略。」

◎ 活動與討論

　　神話與傳說是目前認識原住民文化很好的觀察點，請試著從書籍、網路資料蒐集一則神話或傳說，於課堂上和同學分享。

◎ 延伸閱讀

1. 中央研究院平埔文化資訊網：http://www.sinica.edu.tw/~pingpu
2. 王嵩山，《臺灣原住民的社會與文化》，臺北：聯經出版事業股份有限公司，2001。
3. 林道生，《原住民神話‧故事全集》，臺北：漢藝色研文化事業有限公司，2001。
4. 陳玉美，〈臺灣是南島語族的原鄉嗎？——器物、文化與人：以南島語族的討論為例〉，《歷史月刊》199 (8)，2004。
5. 詹素娟，《舊文獻、新發現：臺灣原住民歷史文獻解讀》，臺北：日創社文化，2007。
6. 劉還月，《尋訪臺灣平埔族》，臺北：常民文化事業公司，1995。

第三節　大航海時代的臺灣

提　要

　　歐洲從十五世紀以來，受到新航線及地理大發現的刺激，開始不斷的向亞洲發展。十六世紀時，葡萄牙人航海經過臺灣，並稱臺灣為「福爾摩沙」(Ilha Formosa，美麗之島)，但並沒有在臺灣發展。十七世紀初以後，荷蘭取代葡萄牙在亞洲的勢力，當時荷蘭已在印尼建立荷蘭東印度公司，並積極在遠東尋求新的貿易據點。荷蘭為尋求一處能與東亞大陸貿易的據點，曾兩度占領澎湖，並在 1624 年轉占臺灣南部，後來更將占領臺灣北部的西班牙逐出，而獨霸全臺。

臺灣名稱的由來

　　對於「臺灣」名稱的稱呼，歷史上每一個時期都有不同的記載，秦漢時代的島夷、東夷、夷州、東鯷，隋代的流求，明代的東番、大員、東都、東寧等均是對臺灣的指稱。十六世紀葡萄牙人東來，稱臺灣為「福爾摩沙」，亦即美麗婆娑之島。而「臺灣」一詞的正式出現，則到明代中葉之後才開始，關於臺灣一詞的由來有幾種說法：

　　㈠從「東番」轉音而成：明初將臺灣稱作「東番」，即東方番民之意，後轉化為臺灣的發音，蓋因「東番」的福佬音與「臺灣」音略近似。

　　㈡從「臺員」轉化而來：明代的〈東番記〉將臺員轉音為臺灣。

　　㈢荷蘭人命名：十七世紀荷蘭人占領臺灣，1624 年在臺江內海（今安平附近）的灣頭築城，臺灣即指臺江的灣頭，當時荷蘭人以 Tayovan、Tavan 或 Tyovan 稱之，均為臺灣之意。

　　㈣顏思齊命名：明末，東南沿海一帶的海寇顏思齊占據此地，稱之

為臺灣。

　　㈤西拉雅族的稱呼：此地是西拉雅族的活動區域，稱之為「臺窩灣」，音即臺灣。

　　㈥「埋冤」之說：連橫在《臺灣通史》中說：「或曰臺灣原名埋冤，為漳泉人所號。明代漳泉人入臺者，每每為天候所害，居者輒病死，不得歸，故以埋冤名之，志慘也。其後以埋冤為不祥，乃改今名，是亦有說云。」「埋冤」用福佬音讀起來，乃接近「臺灣」之音。

　　綜上所述，臺灣一詞的由來雖沒有很明確的界定，但大致出現於明朝中葉以後。1684 年清廷將臺灣納入版圖，改東寧為臺灣，設臺灣府，此為官方正式採用臺灣之名的開始。

早期漢人在臺灣的活動

　　臺灣在 1684 年被清朝納入版圖之前，一直被中國視為化外之地，從南宋以來到明代，中國只有在澎湖設巡檢司，統治權並未到達臺灣。受到明朝海禁政策的影響，澎湖一直是漢人海上活動的重要據點，漁民前往附近捕魚，海盜、倭寇以此為基地，國際貿易以此為據點。隨著漢人在澎湖的活動日益頻繁，臺灣因而引起海上冒險者更多的關注，明朝中葉時，臺灣透過澎湖與東亞大陸間的接觸已相當熱絡，其間在臺灣北部更有漢人開始從事硫磺和黃金的交易。

　　明末加強澎湖的防備力量，東亞國際貿易的轉運站，由澎湖轉至臺灣，臺灣遂成為海上走私貿易的基地。此時期在臺灣活動的漢人以顏思齊及鄭芝龍最具實力，顏思齊與鄭芝龍同為僑居日本的福建人，因密謀起事，遭日本當局圍捕，後逃至臺灣，從笨港（今雲林縣北港鎮）登陸，在笨港至諸羅山一帶發展。顏、鄭集團來臺灣之後，從福建招徠遊民來臺開墾，後鄭芝龍雖受明朝招降，轉往福建發展，但已奠定漢人在臺農墾事業的基礎。

　　1602 年荷蘭東印度公司（Verenigde Oost-Indische Compagie，簡稱 V.

臺南・赤崁樓

淡水・紅毛城

O. C.) 成立，為拓展東亞大陸的貿易，於 1604 年派艦強占澎湖，被明朝
浯嶼都司沈有容所勸退。1609 年荷蘭取得日本平戶設館通商的許可後，
發現中國生絲、絲綢的巨大利潤，使荷蘭對中國的貿易更感迫切，建立
中、日貿易轉運基地刻不容緩。1624 年攻取葡萄牙的據點澳門不成後，
荷蘭再度占領澎湖，但受到明朝政府的壓力，遂轉往臺灣南部發展。荷
蘭人進入臺灣南部後，首先於一鯤鯓建立熱蘭遮城（Zeelandia，今安平
古堡前身）作為統治行政中心，而後再於赤崁建普羅民遮城（Provintia，
今赤崁樓前身）作為商業市街。

　　西班牙眼見荷蘭占領臺灣南部，將會影響其與日本和東亞的貿易，
便於 1626 年占領臺灣北部，以雞籠、淡水為根據地，並在淡水建聖多明
哥城（Santo Domingo，今紅毛城附近），沿北海岸及溯淡水河發展其勢
力，後因日本鎖國及菲律賓回教徒反西班牙等因素，對北臺灣的經營較
不積極，於 1642 年為荷蘭人所逐走。

　　西班牙占領臺灣北部除了貿易目的外，傳播天主教亦是重要目標，
在占領臺灣北部的同時便派人前往日本與中國傳教，臺灣成為西班牙擴
展東亞教區的基地。

荷蘭在臺灣的貿易

荷蘭進入臺灣之後，接續排除日本商人與中國海盜在臺灣的勢力，並於 1642 年驅逐在臺灣北部的西班牙人，同時不斷地討伐原住民部落，將臺灣完全納入其控制。貿易是荷蘭占領臺灣的主要目的，當時的貿易情形是向中國大陸輸入歐洲的銀，南洋的香料；並藉由臺灣輸出至荷蘭商館的有中國生絲、絹綢、瓷器、黃金和砂糖。並將臺灣的鹿皮輸到日本，砂糖輸往日本及波斯，硫磺輸往中國和東南亞。荷蘭在臺灣貿易所獲得的利潤相當高，臺灣是荷蘭在東方貿易中極重要的轉運站。

為養活臺灣日漸增加的人口及提供經濟作物，荷蘭在臺灣亦發展農業，由於原住民部落社會的農業技術有限，荷蘭人遂以免稅、提供土地、農具與水利設施、引進牛隻等優惠條件，招募漢人來臺開墾，適逢中國戰亂及東南沿海地區巨大的人口壓力，因而有許多漢人遷居臺灣，從事土地的開墾，稻米及蔗糖成為臺灣的兩大農產品。

荷蘭在臺灣的經營，無意中把臺灣拖離中國歷史軌道，提前三百年加入海洋文化體系。三百年前，臺灣就初步顯現出以出口為導向的商品經濟雛形，與中國大陸強調自給自足的農業經濟體系截然不同。

荷蘭統治下的原住民

原住民是荷蘭統治臺灣必須要面臨的族群，通常荷蘭人會先採取武力征伐，然後再施行行政控制及宗教教化。在行政控制方面，荷蘭人採取間接控制，每年召集各社所選出的長老集會，會中荷蘭向長老傳達政令，各長老則向當局宣誓效忠，並報告其社內的情形。這些長老由當局授予統治象徵的權杖，並得在社內行使司法權。

宗教教化方面，在荷蘭統治臺灣的三十八年中，曾先後派三十二名牧師及許多傳道師來臺建設教會與學校。荷蘭人曾在新港（今臺南縣新市）、麻豆（今臺南縣麻豆）、大目降（今臺南縣新化）、蕭壠（今臺南縣

十八世紀荷蘭出版的臺灣地圖

佳里）等社設立學校，教他們用羅馬字拼西拉雅族語言，創立文字，這種文字被稱為「新港文字」；所留下的文書，今被稱為「新港文書」，成為臺灣原住民最早的文字紀錄。後來平埔族與漢人間有交易行為，便會在漢字契約旁另以新港語註記對照，為所謂的「番仔契」。

荷西時期的歷史評價

雖然荷蘭及西班牙在臺灣的統治只有三、四十年，且傳統官方的歷史敘述趨於消極、負面的評價，但兩者的統治對後來的歷史發展還是留下深遠的影響，特別是荷蘭對原住民的治理，如「土官之設，始自荷蘭」及「新港文字」的創立和使用。但引進「贌社制」的徵稅系統，將原住民的稅收發包給漢人的社商、通事，導致後者不時利用特權欺壓、侵占原住民，為漢「番」關係添加許多變數。

◎ 文獻導讀

陳國棟，〈近代初期東亞的貿易網絡〉節錄，收錄於蕭宗煌、呂理政，《艾爾摩莎：大航海時代的臺灣與西班牙》，臺北：國立臺灣博物館，2006。

十五世紀後期，由哥倫布 (Christopher Columbus, 1451–1506) 為嚆矢而展開的海上探險活動，結果讓歐洲人發現了通往美洲與印度、中國的航路。因此，在我們的歷史書中，就將這個時代稱為「地理大發現」的年代。「地理大發現」以後，歐洲船舶頻繁地往來這些新「被發現」的地方，從事貿易與掠奪。歐洲船舶陸續出現在包括東南亞、中國、日本與朝鮮在內的東亞地區之海域。從十六世紀初以後，先是葡萄牙，繼有西班牙，然後在十六、七世紀之交又加入荷蘭與英國。東亞海域在既有的航運與貿易之外，突然之間加入許多歐洲人的帆船與商人，一時之間顯得熱鬧非凡，於是有些日本及臺灣作家便將十六、七世紀稱作「大航海時代」。其實，無論是「地理大發現」還是「大航海時代」，隱約之間都過度強調了歐洲人的事業成就，從而忽視了東亞民族的觀感；強調了歐洲人的偉大，從而失卻了亞洲人的立場。

◎ 活動與討論

下面是許石作曲，陳達儒作詞的〈安平追想曲〉歌詞，試問內容所要表達的意涵為何？另說說看荷蘭統治臺灣對臺灣的影響。

身穿花紅長洋裝　風吹金髮思情郎
想郎船何往　音信全無通　伊是行船仔逐風浪
放阮情難忘　心情無塊講　相思寄著海邊風
海風無情笑阮憨　啊！不知初戀心茫茫

相思情郎想自己　不知參親二十年
思念想要見　只有金十字　給阮母親仔做為記
放阮私生兒　聽母初講起　越想不幸越哀悲
到底現在生也死　啊！伊是荷蘭的船醫

想起母子的運命　心肝想爹也怨爹

別人有爹疼　阮是母親晟　今日青春孤單影

全望多情兄　望兄的船隻　早日回歸安平城

安平純情金小姐　啊！等你入港銅鑼聲

◈ 延伸閱讀

1. 國立故宮博物院，《福爾摩沙：十七世紀的臺灣、荷蘭與東亞》，臺北：國立故宮博物院，2003。

2. 曹永和，〈歐洲古地圖上之臺灣〉，收錄於《臺灣早期歷史研究》，臺北：聯經出版事業股份有限公司，1982。

3. 湯錦台，《大航海時代的臺灣》，臺北：貓頭鷹出版社股份有限公司，2001。

4. 臺灣歷史博物館籌備處，《臺灣荷蘭鄭家軍：荷蘭時期臺灣圖像紀錄片》，臺灣歷史博物館籌備處，2001。

5. 鄭維中，《製作福爾摩沙——追尋西洋古書中的臺灣身影》，臺北：大雁文化、國立臺灣歷史博物館籌備處，2006。

6. 蕭宗煌、呂理政，《艾爾摩莎：大航海時代的臺灣與西班牙》，臺北：國立臺灣博物館，2006。

第四節　鄭氏王朝在臺灣的經營

提　要

　　鄭成功繼荷蘭人之後在臺灣經營，建立臺灣史上第一個漢人政權，將中國的郡縣制度和儒家文化帶入臺灣，奠定漢人社會的基礎。同時鄭氏積極在臺灣從事拓墾，並在海外發展貿易，海權性格非常明顯。

鄭氏王朝的興衰

　　鄭成功生於 1624 年，二十一歲時入朝受南明唐王賜姓國姓朱，被稱為「國姓爺」，之後又被封為「延平郡王」；時滿清入關，鄭成功矢志恢復中原，出師北伐，入長江，進逼南京，但為清廷所敗，退守廈門，於是決定先以臺灣為根據地，再圖發展。1661 年 4 月，鄭成功率軍自鹿耳門登陸，與荷軍相戰半年餘，於 1662 年 2 月迫使荷蘭人簽約議和，荷蘭人離開占領三十八年的臺灣。

　　鄭成功來臺後即著手行政區的劃定，將臺灣改稱為「東都」，置安平鎮，管轄熱蘭遮城附近地區。於今臺南市一帶設「承天府」，設天興

鄭氏王朝在臺開發示意圖

縣於今嘉義，萬年縣於今鳳山，並於澎湖設置安撫司。鄭成功在臺灣一年餘即去世，其子鄭經承父志經略臺灣，鄭經將東都改為「東寧」，天興、萬年二縣改為州，自稱「東寧國王」，西洋人稱之為 King of Tyawan，儼然是獨立王朝。鄭經於 1681 年去世，子克塽繼父位，內部陷入權力紛爭，時清廷內部已較穩定，遂派施琅攻臺，1683 年鄭氏降清，結束在臺灣二十一年的經營。

鄭氏在臺灣的經營

鄭氏三代在臺灣的經營，主要的規劃者為陳永華，遂有「鄭成功開之，陳永華營之」之諺，總計鄭氏王朝在臺灣的建置有：

㈠建立行政體系：在東寧築圍柵，建衙署，規劃出行政中心；引進中國的中央官制及里坊制，建立行政體系。中央官制方面，設立吏、戶、禮、兵、刑、工六官。自是傳統中國的郡縣制度與科舉制度初建於臺灣，奠定漢人社會的基礎。

㈡安撫原住民：鄭成功親率部將，巡視新港、蕭壟、麻豆等社的原住民，教導其學習漢人的農業技術，倍受歡迎，紛紛歸化。

㈢推展文教：於臺南設孔廟，旁為明倫堂，為「全臺首學」；後又命各里、社設立學校，延請通儒教授子弟讀書。並推行科舉制度，作為鄭

臺南‧孔廟‧大成殿：1665年（明永曆十九年，清康熙四年），鄭經採納陳永華之建議而創設，乃臺灣地區建立最早之孔廟。明鄭時已有的大成殿，是整座孔廟的主體。臺南孔廟創建後，開啟了臺灣儒學的先聲，故又稱「全臺首學」。（許佩琪攝）

氏王朝的選才任官依據。

㈣寓兵於農：分區從事開墾工作，不但獎勵文武官員自行招佃開墾，同時採取「寓兵於農」的方法，推展屯田制，將荒地分與各鎮，由各鎮兵士分別開墾土地，農閒教兵，有事備戰，臺灣西半部的開墾大半開始於此時，目前臺灣保有許多與屯田有關的地名，如前鎮、左營、林鳳營、柳營等。

㈤增加生產：屯田及民墾同時進行，擴張開墾面積，米糧隨之增加，鄭氏時期所開墾的土地面積約有一萬八千甲。另冶鐵技術傳入，不但有利於農業生產，也促進各種手工業的發展。同時引進晒鹽方法，使臺灣成為重要的產鹽區。

㈥發展貿易：利用「五商」❽商團發展與中國沿海的走私貿易，及和日本、南洋間的轉口貿易，貿易內容主要是由臺灣輸出鹿皮、蔗糖到日本，另從中國大陸輸入絲綢、藥材再轉銷日本，從日本輸入軍事物資及金屬，部分再轉銷南洋，以賺取貿易利益。

鄭氏王朝的意義

關於鄭氏王朝的性質，過去一直有所爭議。一派認為鄭氏王朝是忠於明室而從事反清復明的志業，並無獨立建國的傾向；一派則多主張鄭氏父子「東寧建國」。無論如何，鄭氏王朝一方面有「逐鹿中原，驅逐韃虜」的大中國意識型態，但另一方面的確有以一主權「國家」身分行使統治權的政治事實。

鄭成功來臺的意義，就政治上而言，保存明朝政權於海外，使不願臣服清廷的統治者，有置身之所，使臺灣成為反清復明之地。就國防軍事意義而言，臺灣為中國海防的重要戰略地點，鄭成功驅走荷蘭人，杜絕外人對臺灣殖民的企圖。就文化意義而言，把中原制度、文化移植到

---

❽　即鄭氏王朝在大陸貿易的據點，分山五商及海五商，分別是金、木、水、火、土，及仁、義、禮、智、信。

臺灣，使臺灣成為中原文化的延續所在。就社會經濟而言，安插閩粵人士來臺開拓，除增加生產力外，亦帶動大陸移民到臺灣的熱潮。

鄭氏王朝之可以以小國跟清廷抗衡，最重要的原因是發展貿易。其王朝秉承其家族之海上活動傳統與閩南地區的特性，來臺後並未改變荷蘭人的重商路線，此乃大量軍民突然來臺，經濟未崩潰，且以小國寡民能與大中國抗衡的道理所在。但它之所以滅亡，亦是無法堅持海洋文化的特長所致，海島政權應以和平外交為立國政策，方能長保貿易的通暢與政治安定，鄭氏卻不知己、不知彼，視臺灣為戰略據點與補給站，全力投入反攻大陸的戰事，終於自取滅亡。

鄭成功的歷史評價

自十七世紀以來,似乎還沒有一位中國英雄人物獲得像鄭成功這麼高的歷史評價,若由統治者的觀點來看，在清朝時代，鄭成功的「忠臣」角色大於他的民族英雄角色。鄭成功被染上種族主義與民族主義的色彩，以及評價的大幅提升則要等到二十世紀，鄭氏反清復明的立場恰與孫中山「驅逐韃虜」的宣傳口號相契合;鄭氏驅逐在臺荷人的事蹟更被視為擊退帝國主義侵略、民族精神昂揚的象徵。

鄭成功塑像

當國民黨撤退來臺後，兩岸進入分裂對峙局面之時，鄭成功被國、共雙方用來作為政治宣傳的工具，國民黨推崇鄭成功的反清復明是因為符合當時「反攻大陸」的國策，鄭成功遙奉明朝為正朔則暗示國民黨仍代表中國，推崇他的民族氣節則是鼓勵與教育民眾必須效忠黨國，不能輕易變節投降（共）。在中共方面，鄭成功則是以另外一種面貌出現，當時北京對臺政策以「反抗美帝」作為政策基調，臺灣被認為處於「被美帝國主義占領」的情況下，因此在解釋鄭成功的史實時，就刻意強調鄭成功驅逐荷蘭人的事蹟，用來強化中共「解放臺灣」的口號。

◎ 文獻導讀

「何斌向鄭成功建議攻取臺灣的理由」節錄，引自江日昇，《臺灣外記》，臺灣文獻叢刊第 60 種，臺北：臺灣銀行經濟研究室編印，1960。

斌曰：「臺灣沃野數千里，實霸王之區。若得此地，可以雄其國，使人耕種，可以足其食。上至雞籠、淡水，硝磺有焉，且橫絕大海，肆通外國，置船興販，桅舵、銅鐵不憂乏用。移諸鎮兵士眷口其間，十年生聚，十年教養，而國可富，兵可強，進攻退守，真足與中國抗衡也。」

◎ 活動與討論

「本藩矢志恢復，切念中興，恐孤島之難居，故冒波濤，欲闢不服之區，暫寄軍旅，養晦待時，非為貪戀海外，苟延安樂。」這是鄭成功攻臺前所發表的文告。試問文告中反映出鄭成功要攻臺有那些困難必先解決？又「孤島」是指那裡？「不服之區」又是指那裡？

◎ 延伸閱讀

1. 向上傳播，《古戰場風雲錄——決戰大員島》，公共電視，2003。
2. 江日昇，《臺灣外記》，臺灣文獻叢刊第 60 種，臺北：臺灣銀行經濟研究室編印，1960。
3. 周婉窈，〈明清文獻中「臺灣非明版圖」例證〉，收錄於《鄭欽仁教授榮退紀念論文集》，臺北：稻鄉出版社，1999。
4. 陳芳明，〈鄭成功與施琅——臺灣歷史人物評價的反思〉，收錄於張炎憲、李筱峰、戴寶村主編，《臺灣史論文精選－上》，臺北：玉山社出版事業股份有限公司，1996。
5. 陳錦昌，《鄭成功的臺灣時代》，臺北：向日葵文化，2004。
6. 傅朝卿，《國姓爺、延平郡王、開臺聖王：圖說鄭成功與臺灣文化》，臺南：臺灣建築文化出版社，2006。

第二章　滿清的辮子

清朝在臺灣的統治

第一節　消極的官府──清初的統治

提要

關於清代臺灣的歷史分期可從兩方面來看：從政治的角度來說，1874 年牡丹社事件以前，是所謂「消極治臺」時期，之後是所謂「積極治臺」時期。另從社會經濟的影響來看，是以 1860 年代臺灣開港為分期點，前期從 1683 年施琅入臺到臺灣開港；後期則從臺灣開港到 1895 年日本治臺。1684 年清朝將臺灣納入版圖，其治理政策採「為防臺而治臺」的消極政策，官府的腳步永遠跟不上移民開發的步伐。

臺灣棄留的爭議

鄭氏投降後，由於中國從來未治理過臺灣，於是朝廷內對於臺灣的處置有所謂棄留的爭議。清廷最初的態度是欲放棄臺灣，將臺灣漢人遷回大陸，康熙皇帝認為：「臺灣屬海外地方，無甚關係；因從未嚮化，肆行騷擾，濱海居民迄無寧日，故興師進剿。即臺灣未順，亦不足為治道之缺。……海賊乃疥癬之疾，臺灣僅彈丸之地，得之無所加，不得無所損。……海外丸泥，不足為中國之廣，裸體文身，不足共守。日費天府金錢而無益，不如徙其人而空其地矣。」此即所謂的「棄臺論」。

然施琅強烈反對放棄臺灣，施氏認為：「中國東南形勢在海而不在陸，陸之為患有形，海之藪奸莫測。臺灣雖一島，實腹地數省之屏蔽，棄之則不歸番、不歸賊，而必歸荷蘭，彼恃其戈船火器，又據形勢膏沃為巢穴，是藉寇兵而資盜糧。且澎湖為不毛之地，無臺灣，則澎湖亦不能守。……棄之必釀成大禍，留之誠永固邊疆。」施琅衡量實際的情形認為將臺

灣漢人遷回中國大陸，將造成人民流離失所，並從經濟的角度提到，臺灣土地肥沃物產豐富，但施氏主要的著眼點是戰略觀點，一再強調臺灣在中國國防上的重要性。基於此，施氏指出遷民有實際困難，認為放棄臺灣，則臺灣或成為海盜聚集地，或將落入外國人之手，如此將嚴重威脅到中國沿海的國防安全和地方治安，且可以不需要增加政府財政負擔，將大陸多餘兵力移駐臺灣。雖然施琅是以中原政權本位來思考問題，但相當具有說服力，在施琅的力爭下，1684 年（康熙二十三年）清廷正式將臺灣納入版圖。

消極的治臺態度

　　清廷雖將臺灣納入版圖，但因擔心臺灣又成為鄭氏抗清的根據地，或海盜經常盤據，治安不易管理，因此初期對臺灣的治理採「為防臺而治臺」的消極態度，其防範措施如：凡駐臺官吏任期三年，立刻調離，官吏不准攜家帶眷，家眷留在大陸，形同人質，可牽制官員使其不敢在臺灣有二心；駐軍採「班兵制」，即三年輪調換班，漳州兵不准駐漳人村，泉州兵不可駐泉人村，以防止官民相通。同時限制當兵的資格須要有家眷者，且其家眷亦不得隨軍來臺（士兵每人每月月初扣五錢作安家費），以防止軍隊在臺造反。其他如不許漢人進入山地，採漢「番」隔離的政策；限制鐵器與生鐵輸入臺灣，以防止人民私鑄私藏武器；另不許臺灣建築城垣，以避免成為亂黨的堡壘，因此臺灣初期的城都是竹城，此一現象至乾隆末年林爽文亂後才逐漸改變。

　　清廷對臺消極的治理同時也表現在行政區的劃定上，在 1887 年（光緒十三年）臺灣建省以前，清廷在臺灣所實施的地方行政制度是四級制，隸屬福建省，在省之下為臺灣廈門兵備道（後改為臺灣道），道下設臺灣府，府下再設縣；另設臺灣鎮總兵掌管全臺治安，下轄五個軍區。清初臺灣行政區劃初設一府三縣，即臺灣府，下轄臺灣、諸羅、鳳山三縣，各縣所轄區域甚廣，行政控制力常不及，導致民變、械鬥頻頻發生。後

受人民拓墾腳步、民變發生及外力影響，清廷才逐步調整行政區，至1895年（光緒二十一年）割臺前，已改設行省，並置臺北、臺灣、臺南三府，一臺東直隸州，淡水等十一縣，基隆等四廳，見表2–1。

表 2–1　清代臺灣行政區的變遷

1684～1722	1723～1786	1787～1874	1875～1884	1885～1895
臺灣府　臺灣縣　鳳山縣　諸羅縣	臺灣府　臺灣縣　澎湖廳　鳳山縣　諸羅縣　彰化縣　淡水廳	臺灣府　臺灣縣　澎湖廳　鳳山縣　嘉義縣　彰化縣　淡水廳　噶瑪蘭廳	臺灣府　臺灣縣　澎湖廳　鳳山縣　恆春縣　嘉義縣　彰化縣　埔里社廳　卑南廳　臺北府　新竹縣　淡水縣　基隆廳　宜蘭縣	臺南府　安平縣　澎湖廳　嘉義縣　鳳山縣　恆春縣　臺灣府　臺灣縣　彰化縣　雲林縣　苗栗縣　埔里社廳　臺東　直隸州　臺北府　新竹縣　淡水縣　基隆廳　宜蘭縣　南雅廳

渡臺禁令的頒布及影響

　　清廷對臺的消極態度亦表現在對人民的防範措施上，惟恐臺灣成為「奸宄逋逃之淵藪」，因而頒布了〈臺灣編查流寓例〉，將在臺灣的漢人中與鄭氏有關係者、及在臺灣沒有妻室產業者、或是犯徒罪以上者皆遣回中國大陸。另對即將來臺者頒布所謂〈渡臺禁令〉，又稱〈移民三禁〉，其主要內容有三：　1.欲渡航臺灣者，必先在原籍地申請渡航許可證，並經分巡臺廈兵備道及臺灣海防同知的審驗核可，方可渡臺，嚴禁無照偷

渡。2.渡臺者一律不准攜帶家眷，既渡臺者，也不准招致家眷。3.粵地屢為海盜淵藪，以積習未脫，不准粵地人民渡臺。清廷雖頒布〈渡臺禁令〉，但並無法完全杜絕人民於兩岸之間往來，因而偷渡問題相當嚴重，迫使清廷於一百九十餘年間曾五禁四弛，至1875年（光緒元年）沈葆楨奏請解除內地人民渡臺禁令後，才完全廢止。

〈渡臺禁令〉對臺灣社會產生很多影響，首先是延遲臺灣的開發，清領臺初期，臺灣漢人移民人口曾經出現短期的減少現象，根據估計，當時在臺漢人總數的一半約十多萬人被迫回原籍，造成「人去業荒」的現象。

其次是形成嚴重的社會問題，由於〈渡臺禁令〉禁止人民攜家帶眷，影響了當時社會的人口組合與社會風氣，形成嚴重的社會問題，一來男女人口比例極為懸殊❶，人口結構異常，社會風氣不易導正，婦女身價甚高，重聘金、童養媳的現象普遍，貧困之子不易娶妻，因此當時臺灣社會流行一句俗諺：「一個某，較贏三仙天公祖。」二是造成平埔族人口逐漸減少，由於在臺灣的漢人女子人數甚少，許多漢人男子娶平埔族女子為妻，再加上平埔族男子頻頻被迫參與戰事而戰死，造成平埔族人口日漸減少，而臺灣俗諺：「有唐山公，無唐山媽。」即是說明漢「番」通婚的現象。三是許多單身無業的男子(俗稱羅漢腳)充斥，社會治安惡化。

再者，即偷渡之風盛行，雖有〈渡臺禁令〉的防制，但在閩粵強大人口壓力下，偷渡之風愈盛，造成大陸與臺灣海防的嚴重漏洞，人間悲劇亦接踵而至❷。

---

❶ 如1721年（康熙六十年）藍鼎元曾記錄諸羅縣境「大埔莊」的人口組合為女男比例 1：256。

❷ 臺灣海峽俗稱黑水溝，對過去的航海技術而言有極大的風險，再加上偷渡的環境險惡，因而常有悲劇產生，清代文獻中有「放生」、「種芋」、「餌魚」即是一例；客家民謠〈渡臺悲歌〉中第一句「勸君切莫過臺灣，臺灣恰似鬼門關，千個人去無人轉」，又是一例。

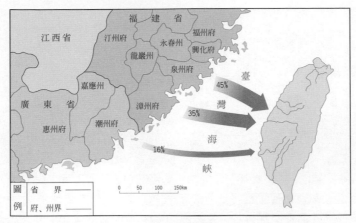

漢人移民圖

　　最後，由於〈渡臺禁令〉限制粵籍人士來臺，造成當時遷徙來臺的漢人在居住地分布上呈現「泉港、漳中、粵山」的現象，即所謂籍貫分布「先來後到」的說法。基本上，造成此一現象的原因並不全然和〈渡臺禁令〉有關，移民在原鄉的生活方式、分類械鬥、班兵制度等都是造成籍貫分布的原因。

分類械鬥及民變

　　由於進入臺灣的移民，係來自中國大陸東南沿海的不同地區，這些不同籍貫的移民，在來到臺灣之後，首先由於身分認同及生活習慣的差異，再者是生存空間的競爭、經濟利害的衝突，因此各族群間常發生集體爭鬥，謂之「分類械鬥」。

　　分類械鬥發生的原因，大抵可分為三種：一是經濟性因素，移墾社會的生存競爭相當激烈，移民常為爭奪田地、水源，發生結黨私鬥。二是社會性因素，臺地社會游民人數眾多，再加上生活習性不同，易流於好勇鬥狠，嘯聚成群，常因細故釀成大禍。三是政治性因素，由於行政區劃不敷實際需要，官方的管轄鞭長莫及，易使多事之徒有僥倖行險之心，再加上官員貪贓枉法，使民間遇事容易私鬥了斷。

鹿港·龍山寺：有「臺灣紫禁城」之稱，建於乾隆五十一年，乃是從福建泉州府晉江縣安海鄉的龍山寺分靈而來，主要供奉的是觀世音菩薩。（許佩琪攝）

霞海城隍廟：「頂下郊拼」後，械鬥失敗的同安人帶著霞海城隍金身移入大稻埕，並在當地發展貿易，使得大稻埕成為商業重鎮。（本局拍攝）

　　分類械鬥有各種形式，有不同籍貫之爭，如閩粵之爭、漳泉械鬥；有宗姓間之爭，如李姓與廖姓之爭；有村落間之爭，甚至有職業團體間之爭，見表 2-2。根據統計，清代臺灣民間所發生較大規模的分類械鬥有六十餘次之多，較著者如 1853 年（咸豐三年）的「頂下郊拼」，係因爭奪淡水河艋舺（今臺北市萬華區）沿岸商業地盤，引發屬「下郊」（廈郊）的泉州籍同安人聯合漳州人攻擊屬「頂郊」的三邑人（惠安、南安、晉江三縣），後下郊的同安人落敗，遷往大稻埕（今臺北市大同區）發展。

表 2-2　清代臺灣大規模分類械鬥

年代 （西元）	發生地點	蔓延地點	發生類型	發生主要因素	案件名稱	發生 地區
1721	鳳山	臺灣、鳳山、諸羅	閩粵械鬥	民變演變為械鬥	朱一貴案	南
1732	鳳山	臺灣、鳳山	閩粵械鬥	民變演變為械鬥	吳福生案	南
1734	諸羅		蔡魏兩姓	爭戲械鬥、蔡魏兩姓	蔡馬益案	中
1768	鳳山	臺灣、鳳山、諸羅	閩粵械鬥	民變演變為械鬥	黃教案	南
1782	彰化	彰化、諸羅	漳泉械鬥	賭博引起分類	謝笑案	中
1786	彰化	彰化、鳳山、諸羅、臺灣、淡水	漳與泉粵械鬥	民變演變為械鬥	林爽文案	中
1806	彰化	彰化、淡水	漳泉械鬥	小夫惡語引起分類		中
1709	淡水	彰化、嘉義、淡水	漳粵泉械鬥	漳泉姦情引起分類	黃紅案	北

1816	臺灣縣			同性職業械鬥	挑行爭奪利益械鬥	蔡攔案	南
1826	嘉義	鳳山、彰化、嘉義、淡水		閩泉粵械鬥	李黃兩姓因竊豬案引起械鬥	李通案	中
1832	嘉義	嘉義、臺灣、鳳山、淡水		閩粵械鬥	張陳兩姓因採芋而械鬥民變	張丙案	中
1844	彰化	彰化、嘉義、淡水		漳粵械鬥	賣菁仔引起械鬥	陳結案	中
1853	鳳山	鳳山、臺灣		閩粵械鬥	民變引起分類械鬥	林恭案	南
1853	淡水			漳泉械鬥	起佃引起械鬥	林本源案	北
1853	淡水	淡水廳		漳泉械鬥			北
1853	彰化			漳泉械鬥	開溝引起分類		中
1854	淡水	淡水廳、淡北		閩粵械鬥	偷牛引起閩粵分類		北
1859	淡水廳、淡北			漳泉械鬥	爭土地引起械鬥		北
1862	彰化	彰化、淡水		漳與泉粵械鬥	民變引起分類械鬥	戴萬生案	中
1865	噶瑪蘭			西皮福祿	音樂喜好不同		噶瑪蘭
1875	鳳山			閩粵械鬥	牧童口爭		南
1881	鳳山			林姓互鬥	爭墾械鬥	林克賢案	南
1882				陳吳兩姓	爭魚池		南
1886	噶瑪蘭			西皮福祿	爭墾地		噶瑪蘭

　　除了分類械鬥之外，清代的臺灣社會也被視為「三年一小反，五年一大亂」的抗官民變頻繁之地，在清朝統治期間，發生三次大規模的民變，分別是 1721 年（康熙六十年）的朱一貴事件、1786 年（乾隆五十一年）的林爽文事件及 1862 年（同治元年）戴潮春事件，三大民變的發展如下：

　　㈠朱一貴事件：朱一貴為福建漳州來臺的移民，曾充任役吏，因故被革職，居於羅漢門（今高雄縣內門、旗山一帶），以養鴨為業，因所養的鴨子能聽其口令而齊步走，人稱「鴨母王」。時臺灣知府王珍的苛政引起民怨，1721 年朱一貴遂趁機冒稱明王室後裔起事，其部眾攻陷臺灣府城，文武官員紛紛逃往澎湖。朱一貴進入府城後自稱「中興王」，建元「永和」，南路客籍杜君英亦率眾響應，七天之內全臺（實際只有臺灣、諸羅、鳳山三縣）陷入朱一貴之手。後清廷派南澳鎮總兵藍廷珍，水師提督施

世驃率軍近二萬人來臺平定，朱一貴被解送北京處斬，此一民變才告一段落。

　　(二)林爽文事件：林爽文事件為清代臺灣規模最大的民變，前後歷時十四個月才平定。林爽文原居彰化縣大里杙庄（今臺中縣大里）從事農業，為地方會黨的領袖，1786 年北部天地會會員發生抗官事件，官府遂至彰化縣積極查辦會黨問題，林爽文等人受到牽連，因而號召天地會成員於茄荖山（今南投縣草屯）起事，進攻彰化城，建元「順天」。林爽文起事後，南部的莊大田也在鳳山響應，一時之間驚動全臺。清廷前後三次增援臺灣，最後陝甘總督福康安率大軍來臺，才將事件平定。由於閩、客籍民長期的不合，導致在此事件中客籍人士加入了清兵陣營，成為合力圍剿林爽文的「義民」；另諸羅縣民曾經奮勇抵抗林爽文，事後乾隆皇帝以「嘉勉義行」將諸羅縣改名為「嘉義縣」。

　　(三)戴潮春事件：戴潮春，字萬生，為彰化縣四張犁庄（今臺中市北屯）人，本為地方吏員，其兄曾組織八卦會。1862 年臺灣兵備道道臺孔昭慈下令剿辦八卦會，又調兵至彰化平亂，面臨威脅的八卦會擁戴潮春為首起事。戴潮春原籍漳州，故得不到泉州人的有力支持，因而出兵攻打泉州人的主要聚落鹿港，形成漳、泉對立，泉州人支持官方，在分巡臺灣兵備道丁曰健會同新竹林占梅的團練展開反攻，戴潮春戰敗，後在福建陸路提督林文察率鄉勇的圍剿下，戴潮春不敵自殺，歷時三年餘。

義民的角色

　　清代眾多抗官民變中，固然有許多社會底層的羅漢腳投身其中，但也有許多所謂的「義民」選擇協助官方平定民變。從政治的觀點看，義民們似乎沒有民族精神，竟然幫助外來的統治者壓迫自己人。但如從經濟及社會的觀點來看，義民協助官府平定民變，並非以「擁清」為其動力，而是基於對社會安定的要求，保護家園產業，不讓開墾成果毀於一旦。此外，又與閩、客族群衝突有關，顯然當時義民的族群認同，勝過

政治立場的選擇，因此，義民當中客家人較多，即是此緣故；惟歷史上「番人」、漳人、泉人亦都曾有過義民的角色，「義民精神」應屬全臺灣人民的歷史資產。

◎ 文獻導讀

鄭用錫，〈勸和論〉，《北郭園詩鈔校釋》。

分類之害，甚於臺灣，尤甚於淡之新艋。臺為五方雜處，自林爽文之後，有分為閩粵焉，有分為漳泉焉。閩粵以其異省也，漳泉以其異府也。然同自內地播遷而來，則同為臺人而已。今以異省、異府各分畛域，法所必誅。矧更同為一府，而亦有秦越之異。是變本加厲，非奇而又奇者哉？夫人未有不親其所親，而能親其所疏。同居一府，猶同室兄弟之至親也，乃以同室而操戈，更安能由親及疏，而親隔府之漳人，親隔省之粵人乎？淡屬素敦古，新艋尤為菁華所聚之區，游斯土者嘖嘖稱羨。自分類而元氣剝削殆盡，未有如去年之甚也。干戈之禍愈烈，村市半成邱墟。問為漳泉而至此乎，無有也。問為閩粵而至此乎，無有也。蓋孽由自作，釁起閱牆，大抵在非漳泉、非閩粵間爾。自來物窮必變，慘極知悔。天地有好生之德，人心無不轉之時。余生長是邦，自念士為四民之首，不能與在事諸公竭誠化導，力挽而更張之，滋愧實甚。願今以後，父誡其子，兄告其弟，各革面，各洗心，勿懷夙忿，勿蹈前愆，既親其所親，亦親其所疏，一體同仁，斯內患不生，外禍不至。漳泉閩粵之氣習，默消於無形。譬如人身血脈，節節相通，自無他病。數年以後，仍成樂土，豈不休哉？

◎ 活動與討論

清初臺灣由於一切處於拓墾階段，因而產生許多悲淒的故事，很多臺灣俗諺的產生可以證明，請就下列的俗諺討論其時代背景及內容：

1. 「唐山過臺灣，心肝結歸丸」。

2. 渡臺時往往是「六死、三留、一回頭」。

3. 「一個某，較贏三仙天公祖」。

4. 羅漢腳「有路無厝」、「病無藥，死無蓆」、「死無人哭」、「紅柿出頭，羅漢腳目屎流」。

5. 「仙拼仙，拼死猴齊天」。

◎ 延伸閱讀

1. 林偉盛，《羅漢腳：清代臺灣社會與分類械鬥》，臺北：自立晚報社文化出版部，1993。

2. 施琅，〈恭陳臺灣棄留疏〉，收錄於《靖海紀事》，臺北：臺灣銀行經濟研究室，1958，頁 59-62。

3. 許雪姬，《北京的辮子：清代臺灣的官僚體系》，臺北：自立晚報社文化出版部，1993。

4. 陸傳傑，《裨海紀遊新注》，臺北：秋雨文化事業股份有限公司，2001。

5. 黃榮洛，《渡臺悲歌——臺灣的開拓與抗爭史話》，臺北：臺原出版社，1989。

6. 謝國興，《官逼民反：清代臺灣三大民變》，臺北：自立晚報社文化出版部，1993。

第二節　積極的人民

提要

　　清廷雖限制內地人民往臺灣開發,但受到內地強大的人口壓力,移民仍然如潮浪般一波波地往臺灣發展;對於臺灣這塊新天地而言,不論是土地開發、農業耕作、或是通商貿易,到處都充滿生機。移民的積極開發,日益壓迫到原住民的生存空間,原本被隔離的漢「番」關係亦在逐漸轉變中。

土地拓墾

　　漢人在臺灣的開墾方式,先是由有能力者的「墾首」向官府申請開墾執照,或是向原住民取得耕作土地的權利,官府核准後,就招募眾人拓墾荒地,開鑿水圳,慢慢將旱田墾成水田。由於墾戶向官府請墾的土地面積一般都很大,於是將土地劃分成數塊,招來墾佃開墾,墾佃向墾戶繳一定的地租,稱為「大租」;墾佃又可招來佃人,替他耕種,佃人向墾佃繳地租,稱為「小租」。墾戶因收取大租,稱為大租戶,大租戶必須向官府繳稅(正供),因此清代臺灣的土地制度有所謂大小租問題,即「一田二主」制,見表 2-3。如向原住民取得土地耕作權者,則交給原住民地主的租穀或財貨稱為「番大租」。

　　臺灣的土地開發呈現「由南而北,先西後東」的次序,由原來的府治(今臺南市)南北一帶為中心逐漸向北延伸,越過斗六門(今雲林縣斗六)、半線(今彰化市)、竹塹(今新竹市),包括大甲溪以北至桃園附近西海岸平地,漸次開墾。西部平原在康熙末年的開發已呈現飽和狀態,如十八世紀初「陳賴章墾號」❸就已大規模的拓墾臺北盆地,其他各平

表 2-3　清代臺灣土地結構表

```
┌─────────────────────────────────────────────────┐
│      （小租）        （大租）        （正供）      │
│   佃農────────佃戶────────墾戶────────官廳       │
│      （小租戶）      （大租戶）                    │
│                                                   │
│      （小租）       （官莊租）                     │
│   佃農────────佃戶────────官廳                    │
│                                                   │
│      （小租）        （大租）        （番租）      │
│   佃農────────佃戶────────墾首────────番社       │
│                                                   │
│      （大租）       （番大租）                     │
│   佃農────────佃戶────────番社                    │
└─────────────────────────────────────────────────┘
```

原地帶也都有拓墾者，待飽和後移民再向丘陵地及內山推進，如十八世紀末吳沙入墾蘭陽平原，黃林旺及陳大用進入埔里盆地開發，十九世紀中葉「金廣福墾號」❹進入新竹山區開墾。今日臺灣有許多地名，都還保留當時土地拓墾的遺跡，如地名中有「股」、「份」、「鬮」、「結」、「張」、「張犁」、「甲」等。

水利興築

　　土地是否墾成，端視灌溉水源是否充足，因此清代的土地拓墾都會伴隨著水利開發而發展。水利興築的方式有獨資、合股、割地換水、業佃合作等，水利開發的影響，一是稻米可二熟甚至三熟，二是每單位面積的生產量提高，三是可以抽取水租，水租的租率每甲約三至四石。清代所興築的水利設施以八堡圳、瑠公圳、曹公圳、貓霧捒圳四者最具代表性。

　　八堡圳又名施厝圳，於十八世紀初由施世榜出資所建，引濁水溪溪水灌溉彰化平原南部一萬二千餘甲的土地，在開發過程中，水源的問題

---

❸　陳賴章墾號是由五位泉州人陳憲伯、陳逢春、賴永和、陳天樞、戴天樞所組成。

❹　金廣福墾號由姜秀鑾、周邦正等組合，是少數在官方主導下閩、客合作的案例，其名稱由來係廣東籍與福建籍合組的墾號，「金」則代表「多金多利」。

臺灣大學新生南路人行
道上的瑠公圳原址紀念
碑。（本局拍攝）

在溫州街巷內的瑠公圳遺址，經過重新整
治後，是僅存一段的未加蓋圳道。（本局拍
攝）

最為艱難，雖歷經多次籌引濁水溪水源灌溉田地，都未成功，後有林先
生繪圖教以疏鑿之，施世榜依言而築，終於開成。八堡圳的圳頭位於今
彰化縣二水鄉，由於灌溉當時彰化縣十三個堡中的八個堡，故稱八堡圳，
圳頭附近有林先生廟史蹟。

　　瑠公圳為臺北盆地內最大的水利設施，十八世紀中葉由郭錫瑠、郭
元芬父子前後所建，引青潭水源灌溉臺北盆地東南區土地一千二百餘甲。
在興建過程中面臨水源常遭泰雅族破壞、及水圳橫越景美溪的工程屢受
壓毀等問題。後來郭錫瑠娶泰雅族女子，聯誼雙方；郭元汾設計了尖底
梘橋，才克服了橫越溪流的困難。

　　曹公圳是臺灣南部最大的水利設施，興建於十九世紀中葉，分舊圳
和新圳，舊圳由鳳山知縣曹謹所倡修，曹謹並親自勘查水圳的源頭九曲
塘，地方人士為感念曹謹的貢獻，將此圳名為曹公圳。後地方士紳又籌
建新圳，兩圳灌田四千餘甲，灌溉區域大概相當於今天高雄市全境。

　　貓霧捒圳是臺中盆地主要的水圳，水圳可分為上埤和下埤，貓霧捒
圳的特點是平埔族岸裡社以「割地換水」的方式，由漢人出資開圳，然
後將一部分土地歸開圳者開墾，而岸裡社取得一部分水權。

農業生產及區域分工

　　臺灣的自然環境適合稻米及甘蔗生長，從荷蘭統治時期以來，農業生產亦都是以稻米及甘蔗為中心，稻米是糧食作物，甘蔗是經濟作物，雖常有相互衝突之處，但由於兩者同時都具有高度的市場價值，使得清代臺灣的農業生產還是以稻米及甘蔗為主。臺灣的米一年可收成二至三次，收成的稻穀大多送至地主所經營的「土礱間」（碾米廠），臺灣米除了自給自足外，還可供應大陸華南地區。

　　甘蔗的加工是在舊式的糖廍，舊式的糖廍依其屬性又可分成牛掛廍、公司廍、頭家廍。牛掛廍又稱牛犅廍，是由種植甘蔗的蔗農組成，由於三頭牛為一個工作單位，因此稱之為一個「牛掛」，一個糖廍約需五至十個牛掛。公司廍又稱公家廍，由富農集資組成，股東人數二至五人，加工甘蔗以購入為主。頭家廍是由大地主或資本家獨資雇人經營，購入甘蔗製糖或是代人製糖，製糖的人是糖廍，提供甘蔗的人是蔗腳，糖廍與蔗腳的分糖比率不同，有 55：45 或 60：40，蔗腳分到糖再按時價賣給糖廍，目前臺糖與蔗農的分糖比率還是維持這種辦法。

　　清代臺灣的產業發展型態有所謂「男耕，女不織」現象，並非臺灣沒有發展手工業，而是臺灣與大陸之間有所謂的「區域分工」，臺灣本身手工業不發達，又不產棉花、桑絲，同時開墾之初所需的日用品，都須自內地供應，而臺灣所產的米糖卻是內地所需要的，所以形成一方提供農產品，一方提供手工業產品的區域分工，這種分工使臺灣資金及勞力能專注於農業生產，因而清代臺灣的農業相當發達。

郊及貿易港市

　　由於與大陸之間有密切的貿易關係，為避免產業的競爭，控制貨品的價格及交易秩序，臺灣的貿易商人之間便產生一種「郊」的組織，類似今日的同業公會或進出口商。早期成立的「郊」多是以貿易地作為名

稱，如臺南的「北郊」，係以江浙以北作為貿易區域的組織；「南郊」，係以福建、廣東作為貿易區域的組織；鹿港的「泉郊」、「廈郊」等；另有以臺灣各港為商圈者則稱為「港郊」。後期的「郊」則多是商品類別組織，如「糖郊」、「米郊」、「布郊」、「藥郊」等。大體而言，行郊的主要輸出品是米、糖等農產品，輸入品則是日常生活用品。行郊的組織在臺灣開港之前相當發達，根據統計，「北郊」約有二十餘家，「南郊」約有三十餘家，「港郊」約有五十餘家。在二十世紀縱貫鐵路開通以前，臺灣南北的交通往來主要靠各港海運，因此「頂港人」、「下港人」成為地緣身分的代名詞。

　　清初，臺灣與大陸間的貿易規定鹿耳門是唯一合法的口岸，所有臺灣與大陸間貿易的船隻皆必須由此進出，因此鹿耳門商業相當繁榮。隨著漢人貿易的需要及聚落的發展，鹿港、艋舺等口岸亦相繼開放而繁榮，聚落及街市相繼發展，遂有「一府二鹿三艋舺」諺語的形成，除呈現府城、鹿港、艋舺為臺灣開港前的三大聚落外，也說明臺灣的開發是由南而北的過程，及臺灣的發展有顯著的海洋文化性格。

漢「番」的土地關係

　　清廷將臺灣原住民分成「熟番」、「化番」及「生番」三類。「熟番」係指服從政令，有向政府繳餉者，計有一百二十九社。「化番」意即「歸化生番」，係指與「通事」❺有交易關係者，此類土著時而順從，時而反抗，不甚穩定，計有二百餘社。「生番」指從未與清廷發生任何關係者，僻處深山。如根據地緣分類來看，「熟番」應屬平埔族居多，「生番」則多屬高山族。

　　從荷蘭時期開始，臺灣的原住民，特別是平埔族，開始淪入被宰制的命運。到了清朝，高壓更甚，由於入臺的漢人移民漸多，清初清廷為

---

❺　代替官府向「番社」收餉或幫「番社」處理訴訟之人，通常由熟悉「番語」的漢人或漢化較深的「番人」擔任。

立於國立臺灣博物館前的「經理謝打馬眾番界址」石碑。（本局拍攝）

土牛地界碑紀念亭（臺中石岡鄉土牛國民小學校園內）：石碑為花崗石材質，於乾隆年間由彰化知縣所立。（許佩琪攝）

避免漢「番」衝突，或發生「番變」，對於「生番」地採取封山隔絕政策，劃定土牛紅線（或稱土牛溝），嚴禁漢人越界入山開墾。對於以平埔族為主的「熟番」地，原本禁止漢人承租，但無法嚴禁、抵擋一波波的移民，最後索性於1724年（雍正二年）開放「熟番」地予漢人承租拓墾，但漢「番」的土地所有權觀念不同，漢人強調土地私有制，原住民認為土地是公共財，漢人即用各種狡詐、欺騙及強占的方式，逐漸侵墾原住民的土地。

原住民一方面面臨漢人侵墾的壓迫，另一方面又有通事、官吏的剝削，被迫鋌而走險，起來反抗官府。據文獻記載，清代平埔族反抗事件計有六次，其中以1731年（雍正九年）的大甲西社事件規模最大，參與的「番社」幾乎被滅村，造成「番童少雁行，番婦半寡居」的情景。

平埔族的遷徙

受漢移民勢力逼迫的平埔族人，在反抗不成的情況下，有的受現實環境所迫，開始遷徙，十九世紀有四次島內的大遷徙：

1.西部的道卡斯族、巴則海族、巴布薩族、洪雅族等部分部落，越過中央山脈，進入蘭陽平原。

2.西部的道卡斯族、巴則海族、巴布薩

族、巴布拉等部分部落，進入埔里盆地，使得原居於埔里盆地的部分布農族、泰雅族等高山族原住民被迫往山區移動。

3.在蘭陽平原加禮宛等社的部分噶瑪蘭人，沿著東海岸南下遷移到花蓮、臺東。

4.西南部的西拉雅部分聚落，繞過南臺灣，進入臺東，有的繼而北上到花蓮。

平埔族的漢化

傳統平埔族人的經濟生活採取粗放的農作和狩獵方式，佀面臨地權喪失，土地面積逐漸縮小，傳統的生產模式已經不足以應付生活所需，加以與漢人接觸後，在經濟生活上，也開始學習漢人的精耕、築水圳、牛耕等農耕技術。除耕作方式改變外，平埔族人在面對來自中國大陸強勢文化的進入，以及官府、通事的壓榨下，處於弱勢族群的平埔族人，只能在政治上陸續歸化清廷，在文化上則逐漸被同化。

◉ 文獻導讀

劉良璧，〈沙轆行〉，《重修福建臺灣府志》，臺灣文獻叢刊第 74 種，臺北：臺灣銀行經濟研究室編印，1961。

曉出彰山北，北風何凄涼！晚入沙轆社，社番何跟蹌！十年大甲西，作歹自驚惶。牛罵及大肚，挺而走高岡。蠢爾無知番，奮臂似螳螂；王師一雲集，取之如探囊。憶此沙轆社，先年未受創；王丞為司馬，撫綏得其方；孫公為副臬，恤賞不計量。為言北路番，無如沙轆強：馬牛遍原野，黍稷盈倉箱；「麻踏」如飛健，「牽手」逞艷粧。倘為千夫長，馭之衛疆場；張弓還挾矢，亦可壯金湯。奈何逢數奇，職守失其綱？勞役無休息，銖求不可當；窮番計無出，𡘜肉以醫瘡。支應力不給，勢促乃跳梁。一朝分箭起，焚殺自猖狂；蠻聲振半線，羽簇若飛蝗。調兵更遣將，蕩平落大荒。危哉沙轆社，幾希就滅亡！皇恩許遷善（沙轆奉改為

遷善社、牛罵改為感恩社、大甲西改為德化社），生者還其鄉；番婦半寡
居，番童少鴈行。嗟乎沙轆番，盛衰物之常。祇今防廳廨，荒烟蔓道旁。
造物寧惡滿，人事實不減！履霜堅冰至，「易」戒惡可忘？夜深風颯颯，
獨坐思茫茫。司牧人難得，憫然太息長！

◎ 活動與討論

　　「港市」、「港郊」、「正港」、「頂港有名聲，下港最出名」等詞彙，
在在顯示「港」在臺灣歷史上的重要性，然今日除高雄港、基隆港等外，
「港」在你、我的日常生活中並不那麼重要，請試著討論臺灣「河港」、
「海港」沒落的原因。

◎ 延伸閱讀

1. 卓克華，《清代臺灣的商戰集團》，臺北：臺原出版社，1990。
2. 陳盛韶，《問俗錄》，南投：臺灣省文獻委員會，1997。
3. 溫振華，〈清代臺灣漢人的企業精神〉，《臺灣師大歷史學報》，第 9 期，
　　1981，頁 111–139。
4. 詹素娟，〈清代臺灣平埔族與漢人關係之探討〉，收錄於《近代中國區
　　域史研討會論文集》，臺北：中研院近代史研究所，1986，頁 195–223。
5. 遠流臺灣館，《臺南歷史深度旅遊》，臺北：遠流出版事業股份有限公
　　司，2003。
6. 遠流臺灣館，《鹿港深度旅遊》，臺北：遠流出版事業股份有限公司，
　　2001。

第三節　大船駛入港

提 要

　　臺灣位居交通要衝，具戰略地位，且向來有稻米、蔗糖等農產品外銷，又產煤及樟腦，並有鴉片進口，其經濟利益早為各國所覬覦。加以臺灣海峽有風濤之險，如發生船難臺灣可就近處理。在前述的背景下，各國基於對臺灣的戰略價值、經濟利益和航路安全之需，對臺灣的港口垂涎已久。1860 年清廷與英、美、法、俄等國簽訂《天津條約》、《北京條約》，臺灣開放淡水、雞籠、安平、打狗等四個港口供外商來臺貿易，開港後的臺灣在各方面的發展與開港前有相當大的差異。

臺灣開港

　　1858 年及 1860 年兩次英法聯軍，先後訂下《天津條約》與《北京條約》，兩條約中列強初次要求臺灣（今安平）開港通商，法國在《天津條約》中特別指名淡水開港，如此臺灣理應開臺灣、淡水兩港，但實際上臺灣共開放了淡水、雞籠（今基隆）、臺灣、打狗（今高雄）四個港口，何以如此？事實上，對於所開放的港口，法國做彈性的解釋，港口應結合「正口」及「子口」，因此，淡水為正口，而雞籠則為淡水港的子口；臺灣為正口，而打狗則為臺灣港的子口。另外，所謂的「淡水」應局限於淡水地區，但外國商人及傳教士卻主動予以廣義的解釋，即淡水河流域全都包含在內。

開港後的貿易特色

　　臺灣開港通商之後，對外國貿易成長快速，且自 1878 年（光緒四年）

以後就一直出超，這種出口量大，成長快速，出超的情形，成為近百年來臺灣貿易的特色。臺灣出口的商品以茶、糖、樟腦為主，進口的商品主要有鴉片、紡織品。茶、糖、樟腦三項商品占晚清臺灣出口貿易額的94%，可說是臺灣開港後最重要的三項產物。

　　茶主要生長在臺灣北部，原本臺灣茶的品質不佳，但自英人約翰・都德 (John Dodd) 自福建安溪引進茶種，鼓勵茶農栽種，使茶成為北臺灣最重要出口商品。臺灣茶的出口以烏龍茶為主，其次為包種茶，主要產地在臺北盆地周邊山坡及桃園、新竹臺地丘陵地區，茶大多在大稻埕加工後由淡水出口，烏龍茶銷往美國，包種茶輸往南洋地區，臺灣茶在國際市場領先了茶葉原鄉——安溪的茶，「茶」的閩南語發音也成為西方國家的通用外來語，如英文的 tea 或法文的 thé。

農婦採茶

淡水紅毛城內的英國領事館：十九世紀英國看好臺灣的貿易利益而在此建造領事館，以利處理外交和貿易等業務。

　　糖從荷蘭統治臺灣時就已是重要的出口產品，開港後的出口量成長也極為快速，臺灣出口的糖主要有紅糖及白糖兩種，都是由傳統的糖廍產，即甘蔗以牛拖的石磨來榨糖，再煮糖結晶，糖的主要產地在臺灣南部，由打狗港出口。

　　樟腦是臺灣特產，十九世紀後期樟腦常用於賽璐珞 (celluloid) ❻

---

❻　賽璐珞發明於 1869 年，是人類發明的第一種合成塑膠，1890 年以後開始大量引用樟腦作為製造賽璐珞的原料。在第二次世界大戰以前，賽璐珞在歐、美及日本等國的工業中占極重要的地位，主要被用於梳子、扣子、玩具、膠卷等物

的生產原料成分，遂使臺灣成為樟腦王國。

開港對臺灣的影響

臺灣開港除了影響進出口貿易外，對臺灣的社會經濟亦產生許多深遠的影響：

㈠人口扶養力提高：開港前以米、糖生產為主的產業，面對可耕地日益減少及人口日益增加的情況，形成強大的人口壓力。茶、糖、樟腦的增產適可緩和此一人口壓力，進而扶養陸續由大陸來臺的移民。

㈡人民生活水準提升：開港前臺灣和大陸藉由「區域分工」形成臺灣輸出米、糖換取生活必需品；開港後茶、糖、樟腦的增產，增添對外換取生活所需的憑藉，人民生活水準提升。

㈢政府稅收增加：在十八世紀以前，臺灣的稅收以田賦為主，開港後，則以關稅與釐金為主。茶、糖、樟腦的出口使政府在關稅及釐金的收入大為增加。但因進口太多的鴉片，使推動臺灣經濟發展的力量受到限制。

㈣水土被破壞及原住民東移：茶、樟腦的栽植都在山區，大舉在山區開發使水土受到破壞，造成有些河川日漸淤積，有些河港如鹽水港在二十世紀初已無法行船。另漢人的開墾不斷往山區移入，使原住民的生存空間受到壓迫，被迫東移，漢「番」關係亦更緊張。

㈤社會領導階層的流動：開港以後，由於外國資本進入臺灣，為處理外國商館與本地商人的商務，遂產生具有仲介機能的「買辦」角色。成功的買辦逐漸取代傳統的土地拓墾者，成為臺灣新興的社會領導階層，如大稻埕的李春生、打狗的陳福謙等。

㈥粵籍人士社會地位的提升：早期粵籍移民多居住在山地邊區的丘陵地，其土地利用價值較低，因而粵籍人士的經濟力無法與漳、泉人競爭，社會地位較低。由於茶、樟腦的產區均在山區，隨著茶、樟腦的經

品的製造上，因而提高臺灣樟腦在世界市場上的重要性。

大稻埕・乾元行：成立於西元 1875 年，首創者是張
清河，有上百年的歷史，是迪化街最老的藥行。早
期大陸等地的貨物運到臺北市，多經由淡水河由迪
化街上岸，藥材也是如此，乾元行並非均由同一家
族經營，前後已換過六個主人，所以有些珍貴的史
料都已散失。（本局拍攝）

濟產值提升，粵籍人士的社會地位亦隨之上升。

　　㈦聚落及港市的變遷：開港以後，由於貿易的興盛，臺灣的聚落也
因應貿易發展而有所變遷，如大稻埕（今臺北市大同區）、大科崁（今桃
園大溪）等聚落因種植茶樹、茶葉集散或提煉樟腦而繁榮❼。而因開港
的影響，南北四個通商口岸特別發達，取代過去傳統河港的商業及經濟
角色。

　　㈧臺灣歷史重心的北移：茶、樟腦的生產地主要在臺灣北部，開港
後，由於茶葉輸出占臺灣當時輸出總額的一半以上，淡水、雞籠的貿易
額逐年增加，最後並超過了南部的安平及打狗，北部的生產力及經濟地
位較以前提升。1887 年（光緒十三年）臺灣新設省的巡撫衙門設於臺北，
即與財政收入主要來自北臺灣有關，臺灣歷史重心由南部轉移到北部。

西方文化的衝擊

　　西方列強打破中國閉鎖的門戶，固然主要著眼於經濟利益的獲得，

---

❼　其他因開港而興起或更繁榮的聚落，如：三角湧（今臺北三峽）、鹹菜甕（今
　　新竹關西）、樹杞林（今新竹竹東）、三義河（今苗栗三義）、東勢角（今臺中
　　東勢）、林圯埔（今南投竹山）。

臺南・長榮中學：清光緒十一年（1885 年），英國長老教會選定臺南，創辦了臺灣第一所西式中學——「長老教中學」，即今日「長榮高級中學」的前身，迄今已有一百多年的悠久歷史。（本局拍攝）

但宗教傳播亦是重要的目的之一。隨著開港，西方傳教士可以自由進出臺灣，建立其以通商口岸為據點的傳教生涯。在眾多的宗教教派中，以基督教長老教會對臺灣的影響最大，當時在臺傳教的長老教教會又以大甲溪為界，南部是以隸屬英國長老教教會的馬雅各 (James L. Maxwell) 等人為主，北部則是以隸屬加拿大長老教會的馬偕 (George Leslie Mackay) 為主，兩者皆利用醫療及教育來輔助其傳教事業，使臺灣接受近代西方文化的洗禮。

醫療方面，如馬雅各在府城成立醫館，為今天新樓基督教醫院的前身。馬偕在臺灣北部的拔牙技術及引進治療瘧疾特效藥金雞納霜，造福許多臺灣人民。新式醫療在這些傳教士的引進及奠基下，為臺灣在西醫的領域上開啟了新局面。

教育方面，南部的甘為霖 (William Campbell) 創立盲人學校「訓瞽堂」，使用點字書，造福臺灣盲人，被稱為臺灣盲人福利之父。巴克禮 (Thomas Barclay) 創辦了臺南神學院，翻譯臺灣話羅馬字《聖經》，並創《臺灣府城教會報》(今《臺灣教會公報》的前身)，為臺灣最早的報紙。余饒理 (George Ede) 創辦了臺灣史上第一所中學——「長老教中學」(今長榮中學)；後朱約安姑娘 (Joan Stuart)❽與文安姑娘 (Annie E. Butter) 創

❽ 「姑娘」即 Miss 的意思，是臺灣在當時對女宣教師的稱呼。

「長老教女學校」（今長榮女中）。馬偕在臺灣北部創建了「牛津學堂」（Oxford College，今真理大學）、淡水中學堂及女學堂等。這些學校雖為傳教士所創，但課程內容並不局限在神學，舉凡歷史、地理、天文、物理、數學、醫學、解剖、音樂、體操等西方新知識都有傳授，在臺灣近代教育史上扮演重要的角色。

◎ 文獻導讀

馬偕著，陳宏文譯，《馬偕博士日記》，臺南：人光出版社，1996，頁 77–78 節錄。

一月二十四日

⋯⋯

我們到處佈道時，發現有許多布告貼在樹上，或牆壁上寫了許多難聽的話對我們亂加毀謗，說我拿刀挖人的眼睛，此外又有許多捕風捉影褻瀆的話，我們撕下了好幾張。

再過一天我們到艋舺、大稻埕、八芝蘭，在路旁、民房、廟前佈道，到處都受到人家的侮辱，並且到處都貼了煽動眾人的布告說：「漢民族當群策群力把外國鬼趕出臺灣，無論他們走到哪裡去，街上或鄉下都要把他們趕走，不得讓他們停留、不得讓他們講道。如有人聽他們講道就得把他逐出本村」。又說「孔子的教訓已經夠好的了，是完全的，臺灣人不需要洋教的道理」。他們所寫的布告，煽動的話實在太多了，無法一一在此列舉。

◎ 活動與討論

今日臺灣的原住民，不論是平埔族或高山族，其宗教信仰除傳統的祖靈信仰外，有很多原住民都改信基督教或天主教，為什麼？

◎ 延伸閱讀

1. 王智平，《淡水》，臺北：遠流出版事業股份有限公司，1990。

2. 公共電視，《臺灣百年人物誌——馬偕》，公共電視，2003。

3. 林滿紅，《茶、糖、樟腦與臺灣之社會經濟變遷 (1860–1895)》，臺北：聯經出版事業股份有限公司，1997。

4. 吳學明，《近代長老教會來臺的西方傳教士》，臺北：日創社文化，2007。

5. 莊永明，《大稻埕逍遙遊》，臺北：臺北市政府民政局，1996。

6. 陳煥堂，《臺灣茶》，臺北：貓頭鷹出版社股份有限公司，2001。

7. 楊彥騏，《臺灣百年糖紀》，臺北：貓頭鷹出版社股份有限公司，2001。

屏東‧萬金聖母聖殿：由神父郭德剛創立於 1861 年（清咸豐十一年）。所謂「聖殿」乃是天主教會中第一級之教堂，因 1984 年並獲教宗若望保祿二世批示為「聖母聖殿」而得名，是全臺最古老的天主教教堂，也是全臺唯一的天主教聖殿，其地位僅次於羅馬梵諦岡教廷的大教堂。而鑲在教堂正面上方的「奉旨」及「天主堂」花崗石，乃是沈葆楨奏請清朝皇帝冊封的。
（許佩琪攝）

第四節　滿大人的最後二十年

提　要

　　受臺灣開港及牡丹社事件的影響，清廷體認到欲鞏固海防，必先確保臺灣，欲確保臺灣應先建設臺灣，清廷治臺政策從此轉趨積極，但 1894 年中日甲午戰爭爆發，隨即割臺，清廷在臺灣的積極作為只有二十年。

「番地」無主論及牡丹社事件

　　清初對臺的治理趨於消極，特別是對原住民的統治，採設土牛，以封山禁絕的方式，將「番地」視為「化外之地」，為清廷的統治權所不能及。1867 年（同治六年）一艘美籍商船羅發號 (Rover) 船員在恆春半島被原住民殺害，清廷處理不當，以致美國駐廈門領事李仙得 (Charles W. Le Gender) 與恆春半島十八社頭目簽訂《船難救助條約》，此條約除了是正式的國際條約外，同時也否定了清廷在「番地」的管轄權，此即「番地」無主論，後來日本出兵臺灣即以此為藉口。

　　日本在明治維新之後，逐漸向外擴張，1871 年（同治十年）琉球船民在恆春半島被殺，日本當局以「懲辦兇手」為藉口，在 1874 年（同治十三年）派兵攻打臺灣南部牡丹社的原住民，史稱「牡丹社事件」（或稱「臺灣事件」），最後中日雙方在北京簽訂專約，中國承認「臺灣『生番』曾將日本國屬民等妄加殺害」，故日本的行動是「保民義舉」，清廷且賠款五十萬兩（撫恤銀十萬兩，建築賠償四十萬兩），並斷送中國對琉球的宗主權，此一事件促使清廷意識到臺灣的重要性，對臺灣的治理政策轉向積極。

蘇花公路（146 公里處）：蘇花公路北起蘇澳鎮、南迄花蓮市，其前身即是沈葆楨來臺時所修築的「北路」。（許佩琪攝）

沈葆楨的善後處理

　　牡丹社事件後，清廷才意識到臺灣的重要性，隨即派福建船政大臣沈葆楨以欽差大臣兼辦臺灣海防身分來臺灣展開善後工作，沈葆楨來臺後觀察，認為當時臺灣有十大弊病❾，非除不可，遂以澄清吏治、加強海防、開山撫「番」、收攬人心為善後之策。

　　㈠澄清吏治：沈氏認為臺灣吏治不良、軍紀不佳、人口又漸多，建議派福建巡撫半年移駐臺灣，並增設郡縣，時行政區由一府調整為二府，並增設若干廳縣，而福建巡撫冬、春二季駐臺，加強對地方的控制。

　　㈡加強海防：修建沿海安平、旗後、東港等砲臺，暢通援臺管道，以便臺灣有事，可自內地指撥各種後援；並購置洋砲、洋槍等軍火器械；籌設福州、廈門到臺灣之電線；裁汰部分惰窳之班兵，改為勇營，以加強臺灣海防的實力。

　　㈢開山撫「番」：牡丹社事件由原住民所引起，清廷再也無法只治「前山」不治「後山」（臺灣東部）。為促進後山和內山的發展，沈氏積極推展開山撫「番」的工作，除廢除限制漢人渡臺、禁止漢人入原住民活動區及禁止娶原住民為妻等法令外，並開築北、中、南三路通往後山，北

---

❾　沈葆楨認為當時臺灣的十大弊病為：1.班兵之惰窳；2.蠹役之盤踞；3.土匪之橫恣；4.民俗之恬淫；5.海陸防之俱虛；6.械鬥繁屑之迭見；7.學術之不明；8.聲庠序以容豪猾；9.禁令之不守；10.煙賭以為饔飧。

至清光緒元年竣工（官設）
至清光緒十三年竣工（官設）
早期平埔族穿越路徑

宜蘭
蘇澳
大南澳
大濁水
大清水
新城
花蓮港

中央山脈

埔里社
拔石埔
丹社
卡社
拔仔庄
林圯埔　大坪頂　東埔
嘉義　南仔腳
八通關
打洲社
璞石閣
玉山
拉武龍社　里壠社
臺南
鳳山　卑南
石盤　樹林屯
三鹿耳社
條盤營社
東港　巴朗衛
溪底
阿郎壹溪
曾木鹿山
楓港　八瑤灣
（臺東恆春交界）
雙溪口
恆春
德拉束社

清代開山撫番後的道路。（本局重繪）

路為宜蘭花蓮道，北起蘇澳南到奇萊平原（今花蓮市）。中路橫斷道路有二條，一是林圯埔(今南投竹山)到璞石閣(今花蓮玉里)；二是集集到水尾(今花蓮瑞穗)。南路有三條，一是赤山卑南道，二是射簝卑南道，三是楓港卑南道。派兵駐守山區，且注重原住民的教化工作，鼓勵漢人入山拓墾，積極推動「化番為民」政策，從此清廷更能有效控制內山和山地地帶，沈氏在臺的作為，為此後臺灣的建設奠下基礎。

　　(四)收攬人心：沈葆楨深知民心之向背乃是天下安危所繫，因此他注意到如何視民之所好而施政，以便收攬人心。沈葆楨除澄清吏治外，並奏請為孤忠耿耿，是創格完人的鄭成功建延平郡王祠，彰顯鄭氏的風範，也符合民間對鄭氏的評價，此舉深得人心。

丁日昌的撫綏原住民

　　在沈氏之後，對臺較有積極作為的是丁日昌，丁日昌對臺灣的重要性早就有所了解，他在日軍犯臺前，曾建議以臺灣為南洋海防中心。丁氏以福建巡撫的身分駐臺半年，在臺期間，遍巡臺灣南北各地，對臺灣有不少興革的措施。

㈠教育方面：特別重視原住民人才培育，錄取第一位「番」秀才陳寶華。

㈡政治方面：為懲辦失職官員、撫綏原住民。

㈢財經方面：為清理賦稅、廢除多項雜稅、獎勵內地人民來臺拓墾、提倡開礦和種植茶樹等經濟作物、架設安平至旗後之間的電報線，並計畫興築鐵路。

㈣海防方面：建議清廷更新武器，購置鐵甲船、水雷和大砲等，並加強軍隊的訓練。

劉銘傳與臺灣建省

受到 1884 年（光緒十年）中法戰爭，法軍進攻澎湖、包圍臺灣的刺激，清廷更加重視臺灣。遂於 1885 年（光緒十一年）正式宣布臺灣改設行省 ❿，隨即任命劉銘傳為首任巡撫。劉銘傳就任巡撫時，臺灣一省的財政收入約在一百萬兩左右，如此財源，無法支應臺灣建省後的開支，為改善臺省的收支，劉銘傳在臺灣推行很多財政改革及各項建設，對於臺灣的現代化有很大的貢獻。

㈠政治措施：除了準備將省會設於橋孜圖（今臺中市）之外，並積極調整行政區為三府一直隸州及增設若干廳縣。另外，對於原住民的措施是「恩威並用，剿撫兼施」的剛柔政策，並設撫墾局和「番學堂」來教化原住民。

㈡整頓財政：劉銘傳一向主張「欲自強，必先致富，欲致富，必先經商」，因此在臺灣積極推行整頓財政，特別是一田二主所造成的賦稅不公平現象，劉銘傳的財政改革分成三個步驟來進行，一是清賦，為整理隱田，於臺南、臺北兩府設清賦局，各廳、縣設分局，辦理清丈工作，清賦後入冊田畝增加四百多萬畝，田賦徵收九十七萬兩，比原先多出五

❿　清廷宣布臺灣建省是 1885 年，但和福建省的業務釐清而分治運作的年份是 1887 年（光緒十三年）。

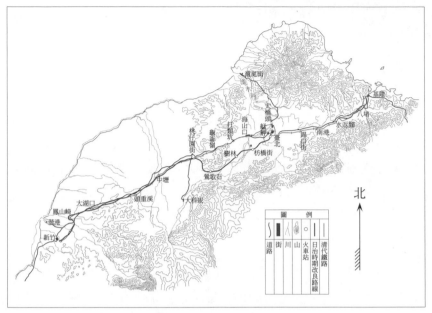

清代臺灣鐵路（本局繪製）

十七萬兩。二是改賦，減低每甲田園的賦額。三是大租減四留六：將大
租分為十分，大租戶得六分，四分交由小租戶完納正供，小租戶則照舊
向佃農收取租額。在整頓財政的過程中，由於清丈人員素質良莠不齊，
雖引起鹿港士紳施九緞等人的反抗，但大體而言，清丈是成功的。

　　㈢交通建設：較重要的有購置輪船往來臺灣與大陸及東南亞各國；
架設基隆至滬尾、臺北，臺南至安平，安平至澎湖，滬尾至福州等電報
線。在臺北設郵政總局，各地設要站，為臺灣新式郵政的濫觴。鐵路的
建設則由臺北的大稻埕分向南、北興築，後通車至新竹、基隆。

　　㈣國防及教育建設：建省後，劉氏仍然相當關心海防，因此設法建
購軍艦，增設砲臺，設機器局生產武器，建軍械所儲存武器。為配合各
項建設，劉氏設有西學堂、電報學堂等新式學校，藉以培育建設人才。

　　在劉銘傳的積極建設臺灣後，後繼者雖因經費困難而緊縮各項建設，
但臺灣當時已是中國最現代化的區域了。

劉銘傳的評價

　　過去史家對於劉銘傳的評價均相當高，如蕭一山在《清代通史》中，不僅認為劉銘傳是「殊為一傑出人物，其幹濟伉爽，恢廓雄偉，尤以創建臺灣，奠立近代化之規模，志行殊不可及也」，又稱譽臺灣的新事業較內地十八省為顯著，梁啟超、連橫以下的史家對劉銘傳亦是一片讚美之聲，但回顧劉銘傳新政的內容及成效，有些問題值得思考：

　　1.理想與現實間是否能劃上等號？換言之，劉銘傳一時百廢待舉，是否只是紙上作業，許多計畫尚未付諸實行，如水利事業。

　　2.新政內容的實際績效如何❶？即此一自強新政之各項內容是否都毫無缺失地執行？財政上能否負擔？是否在全島都推行？

　　3.新政成果人民是否能享受到？

　　4.繼任者何以要中止部分新政？

　　總而言之，劉銘傳對臺灣近代化有其建樹，但弊病不少，不必全面肯定，但不可諱言，他在臺灣近代化的事功上有不少創舉。

◎ 文獻導讀

　　吳光亮，〈化番俚言〉三十二條。

　　一、設局招撫，以便民番。　一、舉委頭目，以專責成。

　　一、首訓頭目，以知禮法。　一、分給工食，以資辦公。

　　一、改社為莊，以示區別。　一、約束子弟，以歸善良。

　　一、禁除惡習，以重人命。　一、禁止做饗，以免生事。

　　一、保護商旅，以廣貿易。　一、遭風船隻，亟宜救護。

　　一、安分守己，以保身家。　一、彼此各莊，宜相和睦。

　　一、分別五倫，以知大體。　一、奉養父母，以報深恩。

---

❶　如最引以為傲的鐵路，其實基隆至新竹這一段鐵路，在當時成效並不彰，至日治時期日人重修臺北至桃園這一段後，功能才發揮出來。

一、夫妻和順，以成家室。一、學習規矩，以知禮義。

一、嚴禁淫亂，以維風化。一、薙髮打辮，以遵體制。

一、穿衣著褲，以入人類。一、分別姓氏，以成宗族。

一、分別稱呼，以序彝倫。一、分別姓氏，以定婚姻。

一、禮宜祭葬，以安先靈。一、殷勤攻讀，以明道理。

一、分記歲月，以知年紀。一、宜戒遊手，以絕盜源。

一、嚴禁偷盜，以安閭閻。一、疏通水圳，以便耕種。

一、出獵以時，免妨耕種。一、撙節食用，以備饑荒。

一、宜設墟市，以便交易。一、建立廟祠，以安神祖。

◎ 活動與討論

劉銘傳認為臺灣興修鐵路有三大益處：一、便於海防，因臺灣為海上重鎮，乃東南各省安危之所繫，欲保東南安全，首要確保臺灣、欲從事建設，更需先築鐵路。二、便於建省，建築鐵路與興建省城，必須密切配合。鐵路開通，則商業可致繁盛。三、便於工事，臺灣自北而南八百餘華里，步行需十三、十四日，而且溪流廣漠，港灣分岐，每逢大小即阻遇不通。要建設臺灣，必須發展省內陸上交通以增加運輸效率，然鐵路橋樑之架設，即是一勞永逸之大計。請就「鐵路」在臺灣歷史上所扮演的角色討論之。

◎ 延伸閱讀

1. 林呈蓉，《牡丹社事件的真相》，臺北：博揚文化，2006。

2. 許雪姬，《滿大人的最後二十年：洋務運動與建省》，臺北：自立晚報社文化出版部，1993。

3. 葉振輝，《劉銘傳傳》，南投：臺灣省文獻委員會，1998。

4. 劉克襄，《深入陌生地：外國旅行者所見的臺灣》，臺北：自立晚報社文化出版部，1993。

5.戴寶村，《帝國的入侵：牡丹社事件》，臺北：自立晚報社文化出版部，
　1993。

右圖：臺南・四草砲臺：砲孔間牆頂上古榕盤
根。（許佩琪攝）
左圖：澎湖・媽宮城順承門（背面）：光緒十三
年，鑑於疆防的虛弱，清廷在澎湖督建「媽宮
城」。光緒二十一年，日本聯合艦隊攻占澎湖後，
拆除媽宮城。目前僅餘當年的大西門──也就
是順承門。（許佩琪攝）

第三章　武士刀下的蕃薯

日本統治時期

第一節　殖民體制及政策

提要

　　在近代殖民的浪潮中，日本是唯一非西方國家卻擁有殖民地的國家，由於日本並沒有統治殖民地的經驗，初期對於臺灣的統治並沒有一套方針，其統治政策隨實際統治情況而調整，初期是無方針主義政策，進而是內地延長主義政策，最後則是皇民化政策，企圖使臺人變成「利害與共的日本國民」。

殖民體制的形成及特色

　　日本統治時期，臺灣總督府為最高統治機構，其統治的本質為具現代化取向的同化政策。臺灣總督府本著漸進主義原則執行之，使得此一同化主義政策呈逐步強化之特徵，先是標榜「無方針主義」，繼而揭櫫「內地延長主義」，最後推行「皇民化政策」。

　　由於臺灣風土民情的特殊，以及地處邊陲，日本乃採「委任立法」的制度，1896年（明治二十九年）日本帝國議會通過法律第六十三號（簡稱〈六三法〉），將議會立法權委諸臺灣總督。之後，歷經 1906 年（明治三十九年）通過的法律第三十一號（簡稱〈三一法〉），及 1921 年（大正十

日治時期的臺灣總督府即為今日的總統府（何永湧攝）

年）的法律第三號（簡稱〈法三號〉），臺灣總督府的體制及統治的法律根據雖有所變動，但臺灣總督擁有立法權的本質並沒有改變，此即「六三法體制」。「六三法體制」對臺灣最大的影響為臺灣變成日本帝國的特殊領域，臺灣人無法受到《日本憲法》的保障。其次，殖民行政的主要特色有：

㈠總督專制體制：〈六三法〉的頒布，賦予臺灣總督得頒布具有法律效力的命令，臺灣總督府因而享有立法權與發布命令的權力。此外，還擁有各級法院的管轄權，司法官、檢察官的任命權。加上初期的臺灣總督都是由軍人擔任，擁有統率在臺軍隊的權力。臺灣總督因而擁有行政、立法、司法及軍事大權，使臺灣總督府始終是日本的政治異域。

在日本統治的五十一年期間，共歷經十九位總督，見表 3-1，1895 年至 1919 年期間為初期武官總督時期，主要由陸軍大將或海軍大將出任。1919 年武官總督肆行軍事高壓的「武斷統治」告一段落，改以文官總督出任。1936 年為因應中、日關係的緊張局勢，再度以武官出任臺灣總督。

表 3-1　臺灣總督更迭一覽表

總督屬性	任數及總督姓名	就職年	任職時間	出身別	民政長官（總務長官）
初期武官總督	一、樺山資紀	1895	1 年 2 個月	海軍大將	水野遵
	二、桂太郎	1896	4 個月	陸軍大將	水野遵
	三、乃木希典	1896	1 年 4 個月	陸軍大將	水野遵 曾根靜夫
	四、兒玉源太郎	1898	8 年 2 個月	陸軍大將	後藤新平
	五、佐久間左馬太	1906	9 年 1 個月	陸軍大將	後藤新平 祝辰巳 大島久滿次 宮尾舜治 內田嘉吉
	六、安東貞美	1915	3 年 1 個月	陸軍大將	內田嘉吉 下村宏

	七、明石元二郎	1918	1 年 4 個月	陸軍大將	下村宏
文官總督	八、田健治郎	1919	3 年 11 個月	上院議員	下村宏 賀來佐賀太郎
	九、內田嘉吉	1923	1 年	上院議員	賀來佐賀太郎
	十、伊澤多喜男	1924	1 年 11 個月	上院議員	後藤文夫
	十一、上山滿之進	1926	1 年 11 個月	上院議員	後藤文夫
	十二、川村竹治	1928	1 年 2 個月	上院議員	河原田稼吉
	十三、石塚英藏	1929	1 年 6 個月	上院議員	人見次郎
	十四、太田政弘	1931	1 年 2 個月	上院議員	高橋守雄 木下信 平塚廣義
	十五、南弘	1932	3 個月	上院議員	平塚廣義
	十六、中川健藏	1932	4 年 3 個月	上院議員	平塚廣義
後期武官	十七、小林躋造	1936	4 年 3 個月	海軍大將	森岡二朗
	十八、長谷川清	1940	4 年 1 個月	海軍大將	齋藤樹
	十九、安藤利吉	1944	10 個月	陸軍大將	成田一郎

　　㈡地方控制：日治時期臺灣的地方行政體系是透過街庄役場、警察與保甲組織來控制地方，總督府的控制力由中央到達村落。日治初期，政局不穩定，地方行政組織經常變更，直到 1920 年（大正九年）調整後才固定下來，見表 3-2。但地方行政機關深具從屬色彩，欠缺自主權和自治權，經由街庄役場的設立與街庄長的任命，總督府對地方的控制更加嚴密。保甲制度是日本以清代的保甲制度為基礎，加以改進、推展，初期是希望以「連帶責任」的惡法，來協助警察維持治安，而後保甲的性質則轉趨複雜。保正、甲長均屬榮譽職，不但執行戶口調查、出入者取締、安寧風俗、衛生維護等任務，且能收到「以臺制臺」的功效，成為臺灣總督

乘坐蟹轎的日本官員

表 3-2　日治時期臺灣地方行政區劃沿革表

變更頻繁時期				三縣三廳時期	二十廳時期	十二廳時期	五州二廳時期	五州三廳時期
1895年6月	1895年8月	1896年3月	1897年5月	1898年6月	1901年11月	1909年10月	1920年10月	1926年7月
三縣一廳	一縣二民政支部一廳	三縣一廳	六縣三廳	宜蘭廳	宜蘭廳	宜蘭廳	臺北州	臺北州
				臺北縣	基隆廳	臺北廳		
					深坑廳			
					臺北廳			
					桃仔園廳	桃園廳	新竹州	新竹州
					新竹廳	新竹廳		
				臺中縣	苗栗廳	臺中廳	臺中州	臺中州
					臺中廳			
					彰化廳			
					南投廳	南投廳		
				臺南縣	斗六廳	嘉義廳	臺南州	臺南州
					嘉義廳			
					鹽水港廳	臺南廳		
					臺南廳			
					蕃薯藔廳	阿猴廳	高雄州	高雄州
					鳳山廳			
					阿猴廳			
					恆春廳			
				澎湖廳	澎湖廳	澎湖廳		澎湖廳
				臺東廳	臺東廳	臺東廳	臺東廳	臺東廳
					花蓮港廳	花蓮港廳	花蓮港廳	花蓮港廳

府籠絡各個地方士紳、培植地方領導人的手段。

　㈢警察政治：臺灣總督府為了鎮壓臺人反抗，加強控制，建立一套嚴密的警察制度，地方行政以警察為中心，幾乎任何事務均有警察介入，被稱為「典型的警察政治」，總督府運用警察及保甲制度，配合〈匪徒刑罰令〉等峻法❶，以遂行社會控制之目的，並收到相當程度的效果。除

一般警察外，臺灣總督府還設「高等警察」，專管人民思想，檢查一切出版刊物、禁止書刊的發行、現場監控或解散人民的集會，其組織類似特務機構。在日本帝國所有領土中，臺灣的警察密度最高，以 1922 年（大正十一年）為例，臺灣的警民比為 1:547，朝鮮為 1:919。在日治時期，警察是人民日常生活中接觸到最有權力的「土皇帝」，地方的警察地位更在士紳之上，被稱為「大人」，其地位可見一斑。

無方針主義及漸進政策時期 (1895–1919)

　　由於日本並無治理殖民地的經驗，統治臺灣初期並無一套具體的辦法，甚至頒布〈臺民去就決定規則〉，以兩年期為限，准許臺人移回中國，如無移回中國者，則歸化為日籍。日本原本希望臺人都能移出，使臺灣成為一空島，讓日本的施政更能施展，結果移出者只占臺灣當時人口的 0.16% 而已。這迫使日本必須面對臺灣的住民，儘管日本以同化作為統治臺灣最終的目標，但仍決定暫採「放任主義」政策，一面進行特別立法，一面尊重臺人固有風俗習慣，其施政方針如第二任總督桂太郎所宣布：「內地（日本）法規雖宜逐漸施於臺灣，然因人情風俗語言不同，若撤銷彼此之區別，而行之以同一法規，則不但難免彼此衝突，且不能達到保護人民生命財產之目的，故應隨著地方行政之推行，調查各地人情風俗語言之異同，其法規之不適合者，以敕令或律令訂定特殊規程，以期達成法規之目的。」初期的統治以尊重臺人固有的風俗習慣為原則，但對於吸食鴉片、辮髮及纏足等臺人三大陋習，乃採漸禁政策，如 1897 年（明治三十年）頒布〈臺灣阿片令〉，禁止一般人民吸食鴉片，僅限經醫師證明而領有牌照之煙癮者，可購吸官製煙膏。

❶　1898 年臺灣總督府為壓制臺灣的抗日事件，制定〈匪徒刑罰令〉，想透過嚴刑重罰來處理叛亂分子，1898 年至 1902 年的五年期間，受〈刑罰令〉嚴懲的「土匪」，高達三萬二千人，超出臺灣當時總人口的 1%，之後大規模的武力抵抗幾乎銷聲匿跡。

綁辮髮和吸鴉片被總督府視為陋習而行漸禁政策

　　此時日本雖無具體的統治政策，但為統治上的方便，還是施以下列措施：

　　1.隔離臺灣與中國大陸的關係，以避免在臺灣的中國人「心思祖國」，進而要求臺灣人事事聽從日本的統治。

　　2.為獎勵日本人到臺灣從事殖民統治，採取差別待遇，在臺的日人於政治、社會、文化、教育、經濟上都享有較臺人優厚的待遇。

　　3.對臺灣各項資源、臺人舊有的風俗習慣，作精密的調查，再制訂適當的政策。

內地延長主義時期 (1919–1937)

　　受到第一次世界大戰後民主思潮與民族自決的影響，臺灣人民隨著教育的普及和社會的變遷而逐漸覺醒，臺灣總督府為籠絡臺人，謀求統治順利，轉向「同化政策」，並高唱內地延長主義。

　　此時期被派任來臺的總督均是文官，除此之外，重要的施政方針有：

　　1.修正〈六三法〉、〈三一法〉，改行〈法三號〉，總督所頒布的律令不得違反已在臺灣施行的法律，也不可以對抗日本母國頒布以在臺灣實施為目的的法律及敕令，總督權力略受到約束。

　　2.設置臺灣總督府評議會，但其本質上不過是總督的附屬機關。

　　3.准許臺、日人通婚。

　　4.廢除笞刑。

5.臺、日人共學制，1922 年修訂的〈臺灣教育令〉，標榜取消臺、日人教育上之差別待遇，表面上臺人從此可接受日人程度的中等以上教育，但實際上本質並未改變，共學的目的不過是因應快速成長的日人子弟就學。內地延長主義時期的政策目的是為了消除日、臺差異，但如日、臺人的薪資差別待遇、中等學校入學考試試題難度等問題並沒有解決，所以「同化政策」只能說是表面工作而已。

皇民化運動時期 (1937–1945)

隨著中日戰爭及太平洋戰爭發生，日本國力消耗過鉅，需要臺灣人民全面協助，故推行深化的「同化政策」，即「皇民化運動」，強迫臺灣人民在生活方式上放棄漢民族固有傳統，常用日語，改用日式姓名，食衣住行完全日本化，以支持日本當局。

皇民化運動主要的內容有：

㈠國語運動：主要推廣講日語，禁用臺語、客語、漢文，為促進日語的普及化，推行「國語家庭」、「常用國語者」、「國語模範部落」等表揚，並配合以公家機關優先任用，「國語家庭」的小孩比較有機會進入小、中學就讀等來鼓勵。

㈡改姓名運動：改用日式姓名，但臺灣人並不熱衷。

㈢宗教改信：以日本原有的神道教取代臺灣原有的各種信仰，甚至包括祖先崇拜，日本為達成此一目的，一方面廣建神社，一方面採取寺廟整理政策，藉以達成消滅民間宗教的目的，但此政策可說是完全失敗。

㈣推行志願兵制度：鼓勵臺灣人當兵，1942 年（昭和十七年）實施陸軍特別志願兵制度，招募臺人壯丁從軍；翌年，進而實施海軍特別志願兵制度；1945 年正式在臺實施徵兵，據統計這段時期臺籍日本兵的總數多達二十餘萬人。

皇民化運動的目的是要改造臺灣人成為日本人，雖其目的不一定達成，但臺灣人的「中國性」卻因此減低許多，導致戰後與陳儀政府格格

不入，而引發二二八事件。

◎ 文獻導讀

㈠明治二十九年（1896 年）法律第六十三號（〈六三法〉）

第一條　臺灣總督在其管轄區域內，得制定具有法律的效力之命令。

第二條　前條之命令，應經臺灣總督府評議會之議決，經拓殖大臣奏請
　　　　敕裁。臺灣總督府評議會之組織，以敕令定之。

第三條　在臨時緊急時，臺灣總督得不經前條第一項之手續，即時制定
　　　　第一條之命令。

第四條　依前條所制定之命令，制定後須立即奏請敕裁，並報告臺灣總
　　　　督府評議會，如不得敕裁者，總督須即時公布該命令向將來失
　　　　效。

第五條　現行法律或將來應頒布之法律，如其全部或一部有施行於臺灣
　　　　之必要者，以敕令定之。

第六條　此法自施行之日起，經滿三年失效。

㈡〈匪徒刑律令〉

第一條　不問其目的為何，凡以暴行或脅迫，以達其目的而聚眾者，為
　　　　「匪徒罪」，依左列區別處判之。

　　　　一、首謀及教唆者處死刑。

　　　　二、參與謀議或指揮者處死刑。

　　　　三、附和隨從或服雜役者，處有期徒刑或重懲役。

第二條　前條第三款所記載之「匪徒」有左列行為者處死刑。

　　　　一、敵抗官吏或軍隊。

　　　　二、放火燒燬或毀壞建築物、火車、船舶、橋樑者。

　　　　三、放火燒燬山林、田野之竹木、穀麥、露積之柴草或其他物
　　　　　　件者。

四、毀壞鐵道或其他標誌、燈臺或浮標，致生火車、船舶往來
　　之危險者。

五、毀壞供郵務、電信及電話之物件或以其他方法使其交通發
　　生阻礙者。

六、殺傷他人或強姦婦女者。

七、掠取他人或掠奪他人財物者。

第三條　前條之未遂犯仍科本刑。

第四條　資給兵器、彈藥、船舶、金穀或其他物件，或供給會合之場所
　　　　或以其他行為者幫助「匪徒」者，處死刑或無期徒刑。

第五條　藏匿或隱蔽「匪徒」，或圖免「匪徒」之罪者，處有期徒刑或重
　　　　懲役。

第六條　犯本令之罪而向官署自首者，依其情狀減輕其刑或全免之。免
　　　　除本刑者應受五年以下監視。

第七條　依本令處罰之行為，如於本令施行前發生者，仍依本令處斷之。

第八條　本令自公布之日施行之。

◎ 活動與討論

　　「不能將比目魚的眼睛當作鯛的眼睛，鯛的眼睛在頭的兩邊，而比
目魚的眼睛長在頭的同一邊。若將比目魚的眼睛改變成為像鯛的兩邊是
不行的。比目魚的眼睛在頭的同一邊，在生物學上是有其必要的，政治
也一樣，……所以我們統治臺灣時，先從這個島上舊習慣制度作科學上
的調查，順應民情施行政治……沒有了解這些而將日本內地的法制，突
然引進臺灣加以實施，這就如同將比目魚的眼睛突然用鯛的眼睛替代一
樣，是不了解真正的政治。」以上為後藤新平所謂「生物學的殖民統治」
之比喻。試討論後藤新平的主張對日本統治臺灣在政策上及實質內容上
產生什麼影響？

◎ 延伸閱讀

1. 矢內原忠雄著，周憲文譯，《日本帝國主義下之臺灣》，臺北：臺灣史料中心，2003。

2. 周婉窈，〈從比較的觀點看臺灣與韓國的皇民化運動〉，收錄於張炎憲等編，《臺灣史論文精選－下》，臺北：玉山社出版事業股份有限公司，1996，頁 161–201。

3. 黃昭堂著，黃英哲譯，《臺灣總督府》，臺北：前衛出版社，1994。

4. 黃靜嘉，《春帆樓下晚濤急——日本對臺灣殖民統治及其影響》，臺北：臺灣商務印書館，2002。

5. 蔡錦堂，《戰爭體制下的臺灣》，臺北：日創社文化，2006。

第二節　武裝與非武裝抗日

提　要

1895 年 4 月 17 日中日《馬關條約》簽訂，確定臺灣、澎湖列島割讓給日本，至 1945 年 8 月 15 日日本戰敗投降為止，臺灣的歷史進入日本統治時期。由於臺人無法接受日本的統治，各種有形無形的抗日活動於是產生，初期主要是武裝抗日，1915 年以後，則是以非武裝抗日的形式出現。

臺灣民主國

《馬關條約》割臺之議傳出，臺灣紳民尤感切膚之痛，經一連串爭取朝廷挽回，以及英、俄、德、法等列強援助，均告失敗，乃被迫走上獨立自救之途，決定成立「臺灣民主國」作為應變的手段。1895 年 5 月 25 日「臺灣民主國」成立，推舉巡撫唐景崧為總統，呈上印信及藍地黃虎國旗，建號永清，聲明事平之後，仍歸中國，同時設立議院等機構，以丘逢甲為義軍統領，積極備戰。然而日軍登陸不久，義軍即潰敗，唐景崧、丘逢甲等相繼返回大陸，6 月日軍兵不血刃進入臺北城，並以 6 月 17 日為「始政紀念日」。後來南部的劉永福亦棄守內渡，日軍占領臺南城，民主國的抗日完全瓦解。

有學者稱臺灣民主國為「斷不了祖國奶的民主國」，其實臺灣民主國並無獨立建國的意圖，唐景崧的就職布告中「惟是臺灣疆土，荷大清經營締造二百餘年，今須自立為國，感念

臺灣民主國旗

列聖舊恩，乃應供奉正朔，遙作屏藩，氣脈相通，無異中土，照常嚴備，不可稍涉疏虞」，說明其並無獨立的本意；而臺灣民主國的國旗為「藍地黃虎旗」，但臺灣並不產虎，且虎頭還是往上仰，時清朝是用龍旗，是臺灣民主國不敢冒犯龍威？或有「龍兄虎弟」之意？臺灣民主國的年號是「永清」，「永載聖清」？其意更明。臺灣民主國建國的目的在於阻止日本對臺灣的占領，建國只是抗日的一種手段。

各地義民游擊武力抗日

　　雖然臺灣總督府宣稱已平定全臺，並於次年廢除軍政，改行民政。然而，由於日治初期的失政，頻招致民怨、總督府的新經濟管理措施剝奪臺灣人既得利益和工作機會，以及不少臺人仍存復歸中國的念頭等原因，各地仍不斷有武裝抗日事件發生。

　　最初，總督府常採取較殘酷的報復性鎮壓，而濫殺無辜，但更加驅使許多民眾加入抗日行列。後來改實施「三段警備制」，依全島治安狀況，將全島劃分成危險、不穩、平靜三區，分別由軍隊、憲兵及警察負責管理，但成效不彰。第四任總督兒玉源太郎進而改採鎮撫兼施策略，一方面頒布〈匪徒刑罰令〉及擴充警力，和利用壯丁團協助，以武力進行鎮壓，一方面訂定招降辦法，誘降安撫抗日分子。各地抗日勢力悉數被瓦解，民間私有武器被沒收，這期間因參加抗日而戰死或被捕殺者多達一萬餘人。

具民族革命性質的抗日運動

　　游擊性武裝抗日勢力漸遭滅絕之同時，總督府漸次完成臺灣經濟建設之基礎工作，日本大財閥及經濟勢力入侵臺灣，臺灣人生計遭到強制榨取和剝奪，加以殖民當局壓迫，因此臺灣人的反日意識持續增強，再加上受到中國辛亥革命成功鼓舞，遂陸續發生十餘次具民族革命性質的抗日事件，見表 3-3。由於當時臺灣總督府對臺灣社會的控制已十分嚴

密，所以事件大多在密謀起事階段就被總督府偵知拏辦。

此階段所發生的抗日事件以 1915 年的西來庵事件規模最大，余清芳等人於臺南市的西來庵圖謀革命，利用乩童、符咒等宗教迷信發動群眾起事，後被圍於噍吧哖（今臺南縣玉井），在日軍攻擊中，有三百零九人

表 3-3　1907 年至 1915 年臺灣武裝抗日表

年　分	事　件	訴　求
1907	北埔蔡清琳等暴動	稱將有中國兵登陸本島收復臺灣，刻有「聯合復中興總裁」之印。
1908	臺南廳下丁鵬二十八宿會隱謀	稱中國兵將登陸奪還本島，又稱有清國大官朝服，本島光復後，丁鵬將當新皇帝。
1912	林圯埔劉乾等暴動	稱將征服在臺日人而為王。
1912	土庫黃朝等隱謀	受中國本土革命成功之刺激，揚言清兵將來臺與其結合，其將為臺灣國王。
1913	苗栗羅福星等隱謀	羅氏曾加入同盟會，圖謀將臺灣收入中國版圖。
1913	關帝廟李阿齊等隱謀	對日政不滿，遠因則是受中華民國建立之革命思潮影響，謀脫離日本統治。
1913	東勢賴來等隱謀	同上。 賴來於 1912 年曾至上海。
1914	南投沈阿榮等隱謀	同上。 稱將求中國革命黨援助，排除日本在臺統治權且夢想臺灣復歸中國。
1914	大湖張火爐隱謀	同上。 企圖以中國之黃興為指揮官征伐臺灣，盡殺日人，收復臺灣。
1914	六甲羅臭頭暴動	藉託神諭將驅逐日人，任臺灣皇帝。
1915	臺中林老才隱謀	自稱臺灣皇帝，持有革命檄文、彈藥與軍事資金等。
1915	西來庵余清芳等暴動	欲建大明慈悲國。余案共有五小派，有主張恢復臺灣為中國之版圖，亦有擁立臺灣皇帝而建立政權者。
1915	新庄楊臨等隱謀	自日人手中奪還臺灣建獨立國，或回歸中國政府。

資料來源：薛化元，《臺灣開發史》（臺北：三民書局，2008，修訂四版一刷），頁 115。

被殺，事後經臨時法庭判決，死刑者八百六十六人（真正執行僅九十五名），其他被判刑者多達四百餘人，又稱「噍吧哖事件」。

霧社事件

　　由於總督府對原住民採恩威並施的「理蕃」政策，不少原住民被殺害或處刑，加以日本官吏每以橫暴的態度、壓制的手段對待原住民，以及義務勞動負擔過重等，原住民長期積壓的怨恨和不滿遂爆發激烈的反抗。1930 年 10 月，霧社地區泰雅族原住民三百餘人在馬赫坡社酋長莫那魯道率領下，突襲公學校運動會中的日人，進襲派出所、官衙及宿舍，奪取武器彈藥後退入山中。日人遇害者一百三十二人，受傷者二百一十五人，此為霧社事件的爆發。

　　事發後，總督府調集軍隊、警察二千餘人，使用轟炸機、毒氣等，展開強力鎮壓。霧社地區原住民經五十餘日抵抗，終告失敗，原有人口一千四百餘人，僅剩五百餘人。翌年 4 月，日本警察唆使親日原住民加

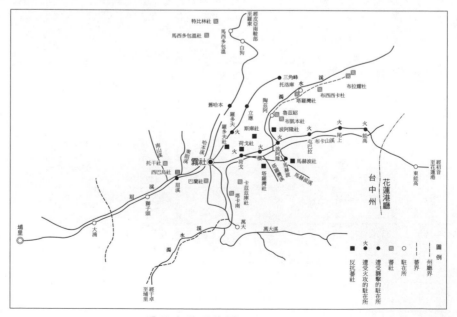

霧社事件區域圖（本局重繪）

表 3-4　日治時代臺灣人政治運動演變圖（本局重繪）

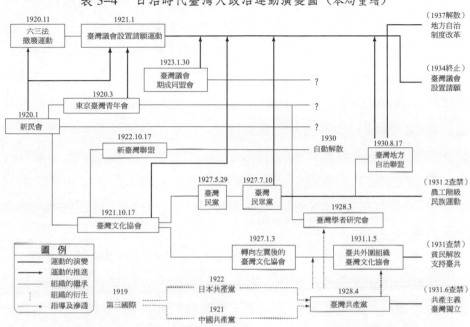

以突襲，又有多數人被殺，全部落僅剩二百餘人被集體遷至川中島（今南投縣仁愛鄉清流部落），為第二次霧社事件。此一事件對自詡「理蕃」政策成功的臺灣總督府可說是一大衝擊，迫使總督府不得不再檢討其原住民政策，總督石塚英藏等人均引咎辭職。

非武裝抗日運動的展開及沉寂

1920 年前後，由於受中國革命成功之激勵，第一次世界大戰結束後民族自決主義抬頭所引發各殖民地民族運動勃興之刺激，以及受日本國內民主主義、自由主義思想之影響，臺人有識之士產生民族自覺，對日本統治的反抗型態也跟著轉變。1915 年以前，臺人的抗日活動主要是以武裝革命為主，1915 年以後，則是以政治改革、文化啟蒙等非武裝抗日為主。非武裝抗日活動主要是以 1921 年成立的「臺灣文化協會」為主體，但文協後來分裂，各種團體紛紛成立，見表 3-4，雖都給臺灣總督府帶

來不少壓力，但由於各團體間未能有效合作，以致抗爭的成效有限。

日治時期各種非武裝抗日團體，基本上可以分成自治運動、民族運動、階級運動三類，「自治運動」如臺灣議會設置請願運動、臺灣地方自治聯盟等，這些團體基本上是「體制內改革」，雖然不必然失去民族意識，但其前提是肯定日本在臺的統治，與日本當局關係較為緩和，抗爭性較低。「民族運動」以臺灣文化協會為代表，此類運動雖然不必然完全否定體制，但係站在臺灣人的民族立場，向殖民政府爭取臺人利益。「階級運動」如新文化協會、臺灣共產黨等團體，乃積極從事農、工運動，提倡社會主義，跟日本資本家及本地地主階層鬥爭，受到反共的日本政府當局強力壓制。

1929 年（昭和四年）日本政府開始對於農工社會運動採取高壓手段，全島大搜捕農民組合及工友總聯盟幹部；1931 年（昭和六年）又發動對臺共的大搜捕，臺共組織嚴重受挫，活動被迫轉入地下，同年臺灣民眾黨亦被迫解散，各項非武裝抗日運動日漸沉寂。

要求政治改革運動

〈六三法〉使臺灣不受《日本憲法》的保障，明顯地侵犯日本國會之權力。對臺人而言，該法乃是一切惡令之源頭，蓋最受詬病的〈保甲條例〉、〈匪徒刑罰令〉等，均是根據該法源發布，臺人深受其害，伺機要求廢除。林獻堂等人在東京推行「六三法撤廢運動」，要求取消臺灣總督的特別立法制度，將臺灣納入《日本憲法》的治理下。後轉變為「臺灣議會設置請願運動」，在林獻堂的領導下，臺人於十四年之中發動十五次的連署請願，爭取民權，要求設立自治的「臺灣議會」，民選議員，但日本政府不予採納。「臺灣議會設置請願運動」雖受制於殖民體制而未能成功，但其影響實不容忽視：一是該運動喚起臺人的政治、社會意識，近代民主政治觀念，廣為傳布。二是該運動揭櫫自治主義，並肯定臺灣的特殊性，有助於臺人拒斥同化主義政策，亦為政治運動奠定以臺灣為

本位的立場。

　　另一方面，1927 年（昭和二年）蔣渭水所領導的「臺灣民眾黨」成立，目標為確立民本政治、建設合理的經濟組織及革除不合理的社會制度。這是臺灣歷史上首度出現具有現代性質的政黨，臺灣民眾黨初期的運動路線是調和民族運動與階級運動，至 1931 年（昭和六年）被解散前，臺灣民眾黨較重要的活動有反對官有地組織臺灣拓殖株式會社、反對恢復許可鴉片吸食政策、反對田中內閣侵華政策、及對霧社事件的強烈聲明。其中有關鴉片政策及霧社事件問題，臺灣民眾黨還通電國際聯盟，引起國際注意，國際聯盟還派人來臺灣調查，讓日本當局相當難堪。

　　日治時期的各種非武裝抗日團體中以臺灣共產黨最為特殊，1928 年（昭和三年）臺灣共產黨在上海成立，重要的成員有謝雪紅、林木順、翁澤生等。臺灣共產黨明白揭櫫「臺灣民族」的觀念，並且標舉「臺灣人民獨立萬歲」、「建立臺灣共和國」的口號，是日治時期明確主張臺灣獨立的團體。

　　由於臺灣民眾黨日漸左傾，1930 年（昭和五年）楊肇嘉、蔡培火遂倡組「臺灣地方自治聯盟」，要求實施完全的地方自治，由公民普選產生首長和民意代表，經過不斷地鼓吹、宣傳、請願等，終於迫使總督府稍作讓步，改革地方制度，將原來全官派的地方民意代表改為半數官派，半數民選，合乎規定資格的男性獲得選舉權和被選舉權；同時，這些運動將自治、普選、參政權等民主政治基本觀念普及於臺灣社會。

臺灣文化協會及文化啟蒙運動

　　1921 年（大正十年）臺灣文化協會在臺北大稻埕成立，由林獻堂擔任總理，蔣渭水、蔡培火等人任專務理事，成立時會員一千餘人，文化協會成立的宗旨為「謀臺灣文化之向上」，喚起臺灣人的民族自決，宣傳助成臺灣文化的發達。文化協會舉辦各種活動：

　　㈠設置讀報社：為了打破總督府的言論管制和服務民眾，文化協會

臺北・靜修女中：1921 年 10 月 17 日下午，臺灣文化協會在今靜修女中召開創立大會。（本局拍攝）

在各大地方設置讀報社，社內備置有臺灣及日本的各種新聞雜誌，也有中國報紙，如遇有刊載殖民地解放的消息，即用紅筆標註以引起注意。

㈡舉辦各種講習會：如臺灣通史講習會、通俗法律講習會、通俗衛生講習會、通俗學術講座、臺北學術講習會、西洋歷史及經濟學等，傳授中外歷史及現代法律、醫藥衛生新知。

㈢開辦夏季學校：利用 7、8 月暑假間於霧峰萊園開辦夏季學校，利用兩個星期的講習，事先排定課程，密集但頗具涵蓋性地將現代知識灌輸給學員。

㈣文化演講會：於各地巡迴演講，闡述民族主義、批判總督府的統治不當及不良風俗，引起絕大迴響。

㈤中央俱樂部及文化書局設置：藉以引進介紹各種中、日文書籍及雜誌。

㈥文化話劇運動：自己編劇，用臺語排演，內容多在諷刺社會制度，或喚醒民族意識。

㈦設立美臺團：負責電影放映。

要之，文化協會可說是致力於「臺人的文藝復興」。

1927 年文化協會內部產生左右分裂，連溫卿、王敏川等左翼新勢力掌握臺灣文化協會的主導權，採取較激進的農工階級運動；林獻堂、蔣渭水等文協舊領導者退出文協，後組成臺灣民眾黨。左翼人士掌握的文

化協會，史稱「新文協」。

改善農工待遇

1920 年代中期，農民、工人亦分別組織團體，如簡吉、趙港領導的「臺灣農民組合」，勞工團體支持的「臺灣工友總聯盟」等，以集體的行動向總督府、地主、雇主等進行抗爭。農民團體透過請願、談判、抗繳地租，反對地主提高地租收回耕地等。工人團體則採取聯合罷工、怠工、談判手段，要求提高工資，反對雇主降低工資和任意解雇，以及要求改善工作條件等。

改善農工待遇運動以 1925 年的「二林事件」最著，在總督府的獎勵和扶助下，臺灣製糖業形成日本大資本家壟斷的局面，糖廠獨占甘蔗採購權，以前金制度控制蔗農，蔗農長期被剝削。1925 年，第一個農運團體「二林蔗農組合」成立，在李應章醫師率領下，阻止糖廠採收甘蔗，爆發武力衝突，結果，李氏和蔗農九十三人被捕，二十五人被判刑，史稱「二林事件」。

「臺灣民眾黨」、「新文化協會」、「臺灣農民組合」及「臺灣工友總聯盟」被稱作日治時期非武裝社會運動的四大團體。

◎ 文獻導讀

㈠唐景崧，〈臺灣民主國總統就職布告〉。

臺灣民主國總統前署臺灣巡撫布政使唐為曉諭事：

照得日本欺凌中國，大肆要求，此次馬關議款，於賠償兵費之外，復索臺灣一島。臺民忠義，不肯俯首事仇，屢次懇求代奏免割，總統亦奏多次，而中國欲昭大信，未允改約。全臺士民，不勝悲憤。當此無天可籲，無主可依，臺民公議自立為民主之國。以為事關軍國，必須有人主持，於四月二十二日士民公集本衙門遞呈，請余暫統政事。經余再三推讓，復於四月二十七日相率環籲；五月初二日，公同刊刻印信，文曰：

「臺灣民主總統之印」，換用國旗藍地黃虎，捧送前來。竊見眾志已堅，群情難拂，不得已為保民起見，俯如所請，允暫視事。即日議定，改臺灣為民主之國，國中一切新政，應即先立議院，公舉議員，詳定律例章程，務歸簡易。

惟是臺灣疆土，荷大清經營締造二百餘年，今須自立為國，感念列聖舊恩，乃應供奉正朔，遙作屏藩，氣脈相通，無異中土，照常嚴備，不可稍涉疏虞。民間有假立名號，聚眾滋事，藉端仇殺者，照匪類治罪。從此臺灣清內政、結外援、廣利源、除陋習，鐵路兵輪次第籌辦，富強可致，雄峙東南，未嘗非臺民之幸也。

特此曉諭全臺知之。

永清元年五月二十五日

㈡臺灣文化協會，〈臺灣診斷書〉（臨床講義）。

患者：臺灣

姓名：臺灣島

年齡：移籍至現住址已二十七歲

原籍：中國福建省臺灣道

現住所：日本帝國臺灣總督府

職業：世界和平第一關守衛

遺傳：明顯地具有黃帝、周公、孔子、孟子等血統

素質：為上述聖賢後裔，素質強健，天資聰穎

既往症：幼年時，身體頗為強壯，頭腦明晰，意志堅強，品行高尚，身手矯健。自入清朝，因受政策毒害，身體逐漸衰弱，意志薄弱，品行低劣，節操低下。轉日本帝國後，接受不完整的治療，稍見恢復，惟因慢性中毒長達兩百餘年，不易霍然而癒。

現症：道德頹廢，人心澆漓，物慾旺盛，精神生活貧瘠，風俗醜陋，迷信深固，頑迷不悟，罔顧衛生，智慮淺薄，不知永久大計，只圖

眼前小利，墮落怠惰，腐敗、怠慢、虛榮、寡廉鮮恥、四肢倦怠、惰氣滿滿、意氣蕭沉，了無生氣。

主訴：頭痛、眩暈、腹內飢餓感。最初檢查患者時，以其頭較身大，理應富於思考力，但以二三常識問題加以詢問，其回答不得要領，可想像患者是個低能兒，頭骨雖大，內容空虛，腦髓不充實；聞及稍微深入的哲學、數學、科學、及世界大勢，便始目暈頭痛。

預斷：因素質純良，若能施以適當療法，尚可迅速治癒。反之，若療法錯誤，延宕時日有病入膏肓之虞。

療法：原因療法，即根本治療

處方：

正規學校教育	最大量
補習教育	最大量
幼稚園	最大量
讀報社	最大量

若能調和上述各劑，迅速服用，可於二十年根治，尚有其他特效藥品，此處從略。

大正十年（民國十年）十一月一三日

主治醫師蔣渭水

◎ 活動與討論

　　臺南地區流行一首與西來庵事件有關的俗諺，內容為：「余清芳，余清芳，趕走亭仔腳王爺公；王爺公，無保庇，害死蘇阿志；蘇阿志，無仁義，害死鄭阿利。」試從此俗諺討論西來庵事件的評價。

◎ 延伸閱讀

1. 公共電視，《臺灣百年人物誌——林獻堂》，公共電視，2003。
2. 佐藤春夫著，邱若山譯，《殖民地之旅》，臺北：草根出版事業有限公司，2002。

3. 林柏維，《臺灣文化協會滄桑》，臺北：臺原出版社，1998。

4. 陳芳明，《謝雪紅評傳》，臺北：前衛出版社，1991。

5. 黃秀慧，《漫漫牛車路：簡吉與臺灣農民組合運動專輯》，臺中：臺中市政府文化局，2005。

6. 葉榮鐘等，《臺灣民族運動史》，臺北：自立晚報社文化出版部，1971。

7. 魏德聖導演，《賽德克‧巴萊》，威視電影，2011。

第三節　經濟發展與社會變遷

提　要

日本取得臺灣之後，其統治的重點在於如何使臺灣附屬於日本本土社會、經濟與文化體制。其中，又以如何在臺灣取得經濟利益，以及臺灣總督府如何能自給自足最為重要。為發展經濟，必須改善臺灣舊的或不良的文化，推行新的制度及新的價值觀，其中以舊風俗的改善、新制度的引進及日本文化的融入三者對臺灣衝擊最大。

基礎工事的建立

為謀求財政獨立，維持殖民統治，第四任總督兒玉源太郎提出以「殖產興業」為中心的二十年財政計劃，在民政長官後藤新平的規劃下，透過發行公債、籌集資金、興辦鐵路、郵電、港口等官營企業以及其他民間企業來發展經濟，為實現以上目標，事先展開了土地調查、林野調查等基礎工事。

㈠土地及林野調查：鑑於臺灣土地制度極為混亂，產權不清，隱田甚多，納稅義務人欠明確，對於徵稅和開發產業兩皆不便，為確立土地權所屬為原小租戶、區分土地種目及查明地形，於 1898 年（明治三十一年）至 1904 年（明治三十七年）間展開土地調查，總督府先於 1898 年頒布〈臺灣地籍規則〉、〈臺灣土地調查規則〉，設置「臺灣臨時土地調查局」，全面實施土地調查，調查結果：一是確切掌握臺灣耕地田園面積，清出大量隱田，調查前全臺田園約三十七萬甲，調查後增加至六十三萬甲。二是增加田賦收入，由原來的八十六萬餘元增至二百九十八萬餘元。三是查明土地所有狀況，大租戶約四萬人，小租戶約三十萬人，佃農約

太平山木材集散場

七十五萬人。四是明瞭地理形勢，土地調查的同時完成了《臺灣堡圖》，是臺灣第一部有比例尺的地形圖，俾使統治者對臺灣的地理形勢更能掌握。土地調查後，總督府緊接著整理隱田，以公債券作為補償而收回大租權，確立以小租戶為業主。

為確定林野的官有與民有權，總督府於 1910 年（明治四十三年）至 1914 年（大正三年）間展開林野調查，將原為臺人利用但未領有所有權狀的林野悉編入官有，除原住民居住的「蕃界」外，在近八十萬甲林野中，民有地只有三萬餘甲，95% 以上的林野地都透過調查而官有化。

　㈡人口調查：1903 年（明治三十六年）總督府公布〈戶籍調查令〉，利用兩年的時間準備，於 1905 年（明治三十八年）進行全臺人口調查，臺灣的人口調查比日本內地第一次全面戶籍調查還早十五年，人口調查一方面加強對臺灣的控制，另一方面則為日後建立良好的戶籍制度，而後總督府又陸續進行了六次的人口調查。

　㈢貨幣整編及統一度量衡：在金融體制的建立方面，1899 年（明治三十二年）臺灣銀行創立，一方面進行臺灣貨幣整理和改革，以安定金融；一方面在華南、南洋等地設置分行，負責對外貿易金融。後又再發行金幣兌換券，取消銀幣的流通，臺灣幣制完全納入日本的體制。

　日治初期臺灣的度量衡相當混亂，1900 年（明治三十三年）總督府頒布〈臺灣度量衡條例〉，翌年開始實施。貨幣的整編及度量衡的統一，使臺灣與日本內地的制度一致，不但促進日、臺兩地貨物和資本的流通，

更加速臺灣企業經營的資本主義化，有助於日本資本家資本的入侵。

基隆 C555 火車

　　㈣交通建設：在兒玉源太郎總督及後藤新平民政長官時期，是臺灣各種基礎建設最多的時期，他們動用發行公債所取得的資金，建設縱貫鐵路、公路與電信、海港等工程。1908 年（明治四十一年）基隆到高雄的縱貫鐵路通車，長度為四百零五公里，打通了臺灣南北的動脈。其後又陸續完成支線和東部線，鐵路交通成為臺灣經濟發展的主要動脈。公路建設方面，總督府運用軍隊及各地民力，積極開拓道路，1905 年（明治三十八年）已完成各式道路約九千五百公里。港口的整建主要在基隆、高雄兩港，整建後港內深水面積擴大，防波堤、碼頭、起重機及倉庫等現代化設備齊全，因此與陸路交通聯絡便利，吞吐貨物大增。各項交通建設固然有助於日本對臺灣的控制，卻也是提供臺灣經濟更進一步發展所需的基礎建設。

農業發展

　　由於日本本土農業環境不佳，「農業臺灣」就成為臺灣總督府施政的重要目標之一，為發展農業，很多農業建設應運而生，其中又以水利興修、設立農業研究機構及創立農業組織三者最具成效。

　　水利開發為發展農業的第一要件，1901 年（明治三十四年）臺灣總督府頒布〈臺灣公共埤圳規則〉，確立水利設施的公有化，除進行舊有埤圳的整併及改修工程外，亦積極建造大型水利設施，桃園大圳、嘉南大圳陸續完工。桃園大圳於 1926 年（昭和元年）全部通水，它將桃園臺地舊有的八千餘口埤塘串連起來，使桃園臺地的灌溉面積增加二萬餘甲；嘉南大圳完成於 1930 年（昭和五年），設計者為總督府技師八田與一，

八田與一全家福（作者提供）

灌溉嘉南平原十五萬甲土地，其上源烏山頭貯水池為亞洲唯一的「濕式土堰堤」❷，且是當時東亞最大的水庫。

　　農業研究機構的設立最早始於 1896 年（明治二十九年）於臺北城內設試作場，1903 年（明治三十六年）新設臺灣總督府農業試驗場，下設種藝部、畜產部等單位，從事肥料及品種改良，培育及推廣優良品種，各州廳亦分別設立農事試驗場。1922 年（大正十一年）蓬萊米的培植成功❸，使臺灣的稻米產量及品質大大的提升。為訓練農業人才，農業耕種技術及品種改良需要專門技術，因此成立嘉義農林學校（今嘉義大學前身）、及各地的農業學校。

　　為推廣農業，創立新的農業組織，1900 年（明治三十三年）三角湧（今臺北縣三峽）農事組合成立，為臺灣自發性農民團體之濫觴。1908 年（明治四十一年）總督府頒布〈臺灣農事組合規則〉，將農事組合改組為強制性農民團體，各廳均有農事組合的設立，廳下從事農業者均為會員，農事組合的功能主要在引進及推廣農業新知，後來農事組合與信用組合合併成為今日農會的前身。

---

❷　係指堰堤是用土來砌成，而非用水泥，又稱「半水成填充式」工程。

❸　蓬萊米是將臺灣米與日本米重複交配，前後試驗歷經十二年，主要培育者為磯永吉，磯永吉因此被稱為「臺灣蓬萊米之父」。

米糖相剋

由於日本內地缺糖，因此領臺之初即有計畫在臺灣發展糖業，1901年（明治三十四年），新渡戶稻造提出《糖業改良意見書》，致力於甘蔗品種的改良、栽培及製糖工業近代化。臺灣總督府於 1902 年（明治三十五年）頒布〈糖業獎勵規則〉，積極推展甘蔗生產，如引進夏威夷玫瑰竹種 (Rose Bamboo)、改良推廣、補助開墾等措施。在製糖工業近代化方面，係以日資的製糖會社獨占為中心的發展，總督府採實施資金援助、指定原料採集區域及保護市場等三大措施，於是日本資本家競相在臺灣投資製糖，陸續設立臺灣、鹽水港、明治、大日本等製糖會社，製糖工業成為日治時期臺灣最重要的產業。為保護日資的製糖工業發展，以臺人為主的蔗農常受到剝削，如製糖會社可以任意決定甘蔗收購價格，因此才有「第一憨，種甘蔗乎會社磅」的俗諺出現，顯示蔗農的無奈。

本來臺灣生產的在來米，由於品質較差，日人較不喜愛，故只具糧食作物性格。蓬萊米培育出後，較符合日人口味，價格亦較在來米高，且較種植甘蔗有利，因此蓬萊米的種植迅速普及全臺。稻米的商品化，造成 1920 年代後臺灣農業生產和對外貿易結構產生鉅變，本來以蔗糖單一經濟作物為中心的生產、貿易結構，轉變為以米、糖兩大經濟作物為中心的生產、貿易結構，米、糖之間具有競爭性，產生所謂「米、糖相剋」的問題。

工業發展

日治時期臺灣的工業發展可分成三個時期來看，在 1934 年（昭和九年）以前，是以農業加工為主，如製糖、鳳梨、樟腦等。1934–1941 年，臺灣總督府有計畫地在臺灣發展工業，此時期工業發展的特點有：

1. 以電力發展為中心；
2. 依賴日本工業之資本與技術；

　　3.利用海外原料建立重工業及國防工業。

　　1941 年（昭和十六年）後，為應付戰爭所需，以盡量利用臺灣資源，採自給政策，實施工業動員。

　　一般而言，新興工業的發展，以 1934 年日月潭發電所的完工為指標，在此之後，新興的水泥、金屬、肥料、窯業得到廉價的電費優惠，而有更佳的發展契機。後為因應戰時軍需，各種機械、造船、石化業等新工廠紛紛設立，爾後纖維工業及大規模的水泥工業也引進臺灣。同時大規模的發電計畫、新的港口建設也陸續展開。雖然臺灣的工業化基本上是作為日本軍國主義「南進基地」所要求的工業化，但亦帶動臺灣相關輕工業的發展。

教育展開

　　1919 年（大正八年）〈臺灣教育令〉的公布施行，開啟臺灣近代教育的里程碑，至 1922 年（大正十一年）〈臺灣教育令〉修訂，臺灣的教育體制確立為普通教育、實業教育、專門教育及師範教育之制度。後藤新平在臺灣推動新式教育的目的，乃著眼於協助日本建設臺灣的考量，所以並不鼓勵臺灣人深造。因此除灌輸忠君愛國的思想外，其他方面則只注重實業教育，如高等教育只設專門職業學校❹。

臺南・四草・安順鹽場：日治時期臺灣第一個製鹽工業區，已於 1996 年停產。（許佩琪攝）

鳳梨採收與搬運

角板山原住民兒童教育所

日治時期是臺灣近代西式教育制度的發軔期，臺灣總督府本乎漸進的同化主義、差別待遇之原則，建立臺灣西式新教育制度，以初等教育為重點，並以日語教學為課程中心，此一具現代化取向的殖民教育對臺灣社會現代性的形成頗有促進作用。伴隨日本的殖民統治，臺灣民眾普遍有機會接受教育，1943 年（昭和十八年），臺灣學齡兒童的就學率高達 71%，「蕃地」部落更高達 86%。臺灣人透過近代教育的機制，不僅接觸到西方的文化與技術，更接受許多新觀念和新思維。

公共衛生的推行

國民強健的體魄是經濟發展的基礎，因此臺灣總督府非常注重臺灣人的身體健康，各種公共衛生政策因而展開，如由警察協助檢疫工作，強制人民打預防針，開鑿水井、整治下水道、便所的設置等。這些施政迫使臺灣人改變了衛生習慣，不但天花、鼠疫、霍亂、傷寒、白喉、猩紅熱等風土病和傳染病受到控制，大幅降低死亡率，使臺灣人口長期呈現高自然增加率現象。而且改變臺人的醫療衛生觀念和習慣，注重個人衛生習慣，逐漸建立現代的醫療衛生觀念。

舊風俗的改善

臺灣社會原有纏足、留辮髮及吸食鴉片的習慣，此三風俗被臺灣總督府視為臺灣人三大陋習，初期為避免臺人的反彈，官方採取宣導和放

❹　如為培養公學校師資於 1896 年成立「臺灣總督府國語學校」（今國立臺北師範學院）；為改善醫療衛生於 1899 年成立「臺灣總督府醫學校」（今國立臺灣大學醫學院）；1928 年設立的臺北帝國大學（今臺灣大學）其初期目的亦是要研究南洋、華南地區，為日本帝國南進作準備。

任人民抉擇的態度。1910 年代以後則採取較積極的處理態度,如鼓勵士紳成立「風俗改良會」、「天然足會」,掀起放足斷髮熱潮,後更明令不得纏足。鴉片吸食問題,日本初期乃採漸禁政策,但由於鴉片給總督府帶來龐大利益,直至日治末期總督府才終止鴉片製造。

新觀念及制度的引進

1896 年 1 月臺灣正式進入格林威治世界標準時間的系統,1910 年代初期進而完成全臺報時系統。公司機構根據標準時間運作,鐵公路等交通工具亦明定開車時間及抵達時間。總督府為加強人們對時間觀念的認識和守時習慣的養成,乃規定每年 6 月 10 日為「時的紀念日」,每年這天,就透過各機關團體宣傳時間的重要性,培養準時、守時、惜時的精神。

臺灣總督府並引進星期制度,星期例假日的定期休假使社會大眾有了休閒生活。總督府進而推廣體育、音樂、美術、電影等餘暇活動,廣設公園、開闢觀光名勝,配合觀光旅遊時節及鐵路路程,形成新的休閒生活。

另外,總督府以嚴峻的法律,配合強大的警察體制和利用保甲制度,有效地達成社會控制和秩序維護;同時透過學校教育和社會教育教導現代法治觀念和知識,學習遵守秩序和法律,民眾逐漸養成安分守己、重秩序、守紀律的習慣,守法觀念日漸建立。

◎ 文獻導讀

〈解纏足歌〉舉隅

其一

上著創造人。男女腳直同。算是天生成。好走又好行。可惜憨父母。看作纏腳好。愛子來縛腳。情理講一拋。著縛即是娘。無縛不成樣。女子未曉想。不過看世上。別人此號樣。出在爾爹娘。老母心肝殘。腳帛推

緊緊。

其二

縛到咈咈彈。遍身流汗冷。女子好腳骨。不縛強強鬱。害伊啼哮哮。暗
靜去偷解。有人父母無。出有憨姆婆。看人的縛腳。腳帛色褲加。縛了
又大個。親像解廣螺。纏腳不行遠。艱苦不使問。婦女講無差。縛這死
人腳。

◎ 活動與討論

　　試討論日本統治臺灣五十年對臺灣所產生的影響，請就正、反面意
見討論之。

◎ 延伸閱讀

1. 公共電視，《臺灣百年人物誌——後藤新平》，公共電視，2003。

2. 公共電視，《臺灣百年人物誌——八田與一》，公共電視，2003。

3. 何鋯，《臺灣殖墾時代臺灣攝影紀事》，臺北：武陵，2003。

4. 呂紹理，《水螺響起——日治時期臺灣社會的生活作息》，臺北：遠流
　　出版事業股份有限公司，1998。

5. 許佩賢，《太陽旗下的魔法學校：日治臺灣新式教育的誕生》，臺北：
　　東村出版社，2012。

6. 陳柔縉，《臺灣西方文明初體驗》，臺北：麥田出版股份有限公司，2005。

7. 楊孟哲，《臺灣歷史影像》，臺北：藝術家出版社，1996。

第四章　迎接新時代

戰後初期的臺灣

第一節　迎接新時代

提　要

　　第二次大戰結束初期，臺灣因受到日本殖民地差別待遇的統治，對於即將要來接收的「祖國」政府，起先是抱持極高之「光復」的期望，但不論是接收或復員的工作，或是對陳儀的施政表現，臺人由期望漸漸轉而失望。

接收準備及體制設計

　　1941 年 12 月太平洋戰爭爆發，中華民國隨即亦對日宣戰，在中國領土上已進行四年多中日戰爭才捲入第二次世界大戰的戰局，也給了中國政府收復臺灣的契機。1943 年中、英、美三國領袖蔣中正、邱吉爾及羅斯福在埃及舉行開羅會議，會後發表宣言：日本竊取中國的領土如滿洲、臺灣與澎湖群島都應歸還中華民國。《開羅宣言》雖非正式國際條約，但決定了戰後由中華民國接收管轄臺灣的大方向。

　　國民政府蔣委員長有鑑於日本的投降指日可待，遂於 1944 年於中央設計局內設「臺灣調查委員會」，派陳儀為主任委員，從事調查臺灣實際狀況，進行收復臺灣的設計。臺灣調查委員會成立後，具體的成績有三：一是擬定《臺灣接管計畫綱要》十六項八十二條，以及分項接管計畫草案四種，1945 年修正頒發。二是設立行政幹部訓練班，培訓各類接收幹部；另成立警察幹部講習班，選訓九百餘名警官及幹部。三是編印有關臺灣概況、臺灣法規、行政區劃以及專題研究等叢書數十種。

　　1945 年 8 月 6 日及 9 日，美國分別在日本的廣島和長崎投下原子彈，8 月 15 日日本昭和天皇宣布投降。但日本的投降並不是單獨向中華

民國投降，而是向盟軍投降，盟軍最高統帥麥克阿瑟將軍於日本正式表明投降後，發布「在中國、臺灣與越南北緯十六度以北地區之日本全部陸海空軍應向中國戰區最高統帥蔣介石將軍投降。」所謂中國戰區，係指軍事中盟軍的中國戰區，臺灣即在此情況下，由蔣介石派員接管。

　　但戰爭結束後，國民政府並未依《臺灣接管計畫綱要》進行接收工作，而是實施黨政軍統一接收管理，不在臺灣設「省」，而是設置「行政長官公署」，委任行政長官立法，並總攬行政大權，只容許某種程度的地方自治權。在軍事方面設置「臺灣警備總司令部」，由行政長官兼任總司令，實施軍事接收。

　　國民政府於 1945 年 8 月，任命陳儀為臺灣省行政長官❶，兼臺灣省警備總司令，並正式公布〈臺灣省行政長官公署組織條例〉，作為收復臺灣、重建政制的法律依據，隨即在重慶成立接收臺灣的前進指揮所。10月，接收人員相繼飛抵臺灣，展開實際的接收工作。25 日，陳儀代表國民政府在臺北市公會堂（今中山堂）接受日本方面臺灣總督兼第十方面軍司令安藤利吉的投降，10 月 25 日因此被訂為「臺灣光復節」，但究其實質內容而言，這只是過渡時期的軍事接管而已。

中山堂內舉行受降儀式時，門前廣場聚集的群眾

慶祝臺灣光復的女學生遊行

❶　陳儀之所以被國民黨政府任命為臺灣省行政長官，其原因可能有：一、曾擔任過福建省主席，臺灣很多人的原鄉是福建，其治閩的經驗有助於治臺，及有完整的人事班底，且在閩省主席任內曾來臺灣考察。二、陳儀與蔣介石同是浙江人及有留日的背景，再加上有完整的軍政經歷，深受蔣介石的信任。

接收經過

行政長官公署在臺北設立後，政治方面的接收是行政區的調整及首長的派任，將日治時期的臺北、新竹、臺中、臺南、高雄五州及花蓮港、臺東、澎湖三廳改為八縣九市，八縣是：臺北、新竹、臺中、臺南、高雄、花蓮、臺東、澎湖；九市是：臺北、基隆、新竹、臺中、彰化、嘉義、臺南、高雄、屏東。十七位縣市長中只有臺北市長黃朝琴、新竹縣長劉啟光及高雄縣長謝東閔為臺籍人士，但係所謂「半山」。

1946 年在各縣市行政體系接收重整工作大致完成後，先後成立村里民大會，由村里民大會選舉縣市參議員，成立縣市參議會，再由縣市參議會選舉省參議員，成立省參議會。省參議員選舉應選三十人，全省參選者多達一千一百八十人，當選率僅 2.54%，由此可見戰後初期許多社會菁英對於新的時代充滿著抱負和期待。

經濟方面的接收，各縣市「日產處理委員會」將接收日人的各種產業，轉化為行政院「資源委員會」及臺灣省行政長官公署的國營、省營企業。並設專賣局和貿易局，對物資的產銷採取嚴格的統制，此作法阻礙商人的經營生機，再加上接收過程貪污舞弊，令臺人深感不滿。

文教的接收方面，主要是推動三民主義教育、民族精神教育及國語教育，以「去日本化，就中國化」為目標。設立「臺灣省編譯館」，計畫編印學校教材、社會讀物。對日本語文的處理是報紙書刊禁用日本語文，日治時期的書刊、電影有詆毀中國、國民黨或曲解歷史者概予銷毀。又設「臺灣省國語推行委員會」，訓練工作人員、輔導國語教學、編審國語書報等。其他如更改日式地名、街道名、年代，拆除日式建築物、紀念碑、銅像，改革日式生活習俗。

接收過程中，有關日籍官員、日俘、日僑之處理最為棘手，由於日治時期日本極少任命臺灣人為行政人員，因此臺胞中知識分子普遍缺乏行政經驗，而大陸來臺的接收人員人數又不足，在「行政不中斷」的原

則下，唯有暫時遷就事實，留用日籍人員，結果在接收過程中，日籍人數反較臺人為多。日俘的管理及遣返亦頗為繁瑣，至 1947 年，遣俘、遣僑工作才告一段落。

短暫的「新樂園」

在日本投降後到國民政府軍隊抵臺前的近二個月，臺灣出現一段「政治的真空時期」，原有的日本行政機關已失去拘束力，加上社會上普遍發生物資不足現象，社會治安和秩序面臨考驗。在這段期間，臺灣的地方領袖和知識青年，主動在地方上組織青年團體或治安維持會，如「三民主義青年團」、「歡迎國民政府籌備會」等，「歡迎國民政府籌備會」是由日治時期臺灣的士紳所發起，成員包括林獻堂、葉榮鐘、陳炘等，其工作內容有：為民眾定製標準的青天白日滿地紅的中國國旗，指導民眾練唱中國國歌，在各地建造歡迎國民政府的牌樓，另響應蔣委員長所提倡的「新生活運動」等，在當時的政治真空時期扮演了穩定政局的作用。

戰後對於臺灣前途的發展，除回歸「祖國」的訴求外，另有「獨立」或「託管」的聲音。在日本天皇宣布投降後的次日，辜振甫、許丙、林熊祥等人受日本少壯派軍人支持，醞釀成立獨立政府（或稱自治事件），為末代總督安藤利吉勸阻，主事者被逮捕判刑年餘始釋放。後來也有如廖文毅、廖文奎、黃紀男、郭國基等人提出由聯合國「託管」或「獨立」的想法，不過大多數臺灣人在擺脫「異族」日本的殖民統治後，對於同文同種的「祖國」有極高的期望。

戰後臺灣掀起一段歡迎「祖國」的熱潮，積極投入「光復」的慶祝活動，吳濁流在《臺灣連翹》中的回憶最能描述當時的情景：「對這些接收人員，臺灣人打從心底以對待英雄的方式歡迎。」「報上打出了『建設三民主義模範省』的口號大肆鼓吹，全民一致發了狂一般向這個理想目標前進，人人希望能把臺灣建設成比日本時代更美好的地方。」「十月十七日，從祖國來了第七十軍的三千人，與長官公署的官員一起在臺灣登

陸，這一天的歡迎情形，真是不得了，臺北市不用說，遠從臺中、臺南、高雄等地趕來的也不少。軍隊所經過的路兩旁，砌成了人牆，其中有些日本人乖乖地並排站著，使我覺得異乎尋常。學生、青年團員，還有樂隊，連謝將軍和范將軍也被抬了出來，大刀隊和藝閣也著實不少！」

當時國軍歡迎歌歌詞：「臺灣今日慶昇平，仰首青天白日青；哈哈，到處歡迎，哈哈，到處歌聲，六百萬人同快樂，簞食壺漿表歡迎！」著實的反映臺民歡迎「祖國」的情況。

◎ 文獻導讀

〈歡迎國民政府籌備會公啟〉

為保全公共建造物事勸告同胞兄弟：

臺灣光復，群情振奮，舉島騰歡，宛如久病復甦，莫不欣欣向榮，誠可喜之現象也。

然而舊政解紐，新政未孚，當此青黃不接之秋，事在左右為難之際，地方不無蒙昧兄弟，伺隙為非，乘勢逞兇，擾亂社會秩序，侵害個人自由，甚至毀害公共建造物品，譬如濫伐防風林、保安林，竊取橋樑資財等，層見疊出，日有所聞，此不可長之惡風而堪慨嘆之事實也。夫防風林、保安林等之建設，係過去百十年，同胞艱難辛苦所栽植造成者，乃保衛農地、涵養水源、便利交通之要著，建設非易，毀之可惜，其貽害於國計民生殊有不堪設想者也。

況新政府蒞臨在即，倘聞情究辦，不但關係者難辭其責，即吾省民亦將無顏以見祖國同胞矣。

願我兄弟顧念先人勳勞，明白光復大義，而今而後，知過必改，棄惡習從良風，庶幾新臺灣建設之成效可期，而大國民之襟度無虧也。

民國三十四年九月

歡迎國民政府籌備會公啟

◎ 活動與討論

　　戰後的文教接收，以「去日本化，就中國化」為目標，試就各位周遭可以見到、找到的例證，如地名、街道名、年代、日式建築物、紀念碑、銅像、日式生活習俗等，請在課堂上討論之。

◎ 延伸閱讀

1. 吳濁流著，鍾肇政譯，《臺灣連翹》，臺北：草根出版事業有限公司，1995。

2. 葉榮鐘，〈臺灣光復前後的回憶〉，收錄於氏著，《臺灣人物群像》，臺北：時報文化出版企業股份有限公司，1995，頁 161–201。

3. 鄭梓，《戰後臺灣的接收與重建》，臺北：新化圖書有限公司，1994。

4. 若林正丈著，洪金珠、許佩賢譯，《臺灣：分裂國家與民主化》，臺北：月旦出版社，1994。

5. 吳新榮，《吳新榮回憶錄》，臺北：前衛出版社，1989。

第二節　臺灣「光復」後的困境

提　要

　　戰後臺灣人民原本對未來抱持相當樂觀的看法，對「祖國」來的新統治者也表示歡迎。但集權式的「行政長官公署」制，及接收過程和施政屢傳弊端，再加上併入中國經濟圈後所引發的通貨膨脹，導致人民生活困苦，終致埋下「二二八事件」的種子。

施政弊端

　　戰後臺灣百廢待舉，省政工作的推展經緯萬端。陳儀雖有努力建設臺灣之抱負，但卻面臨戰後農工礦業的嚴重破壞、物價暴漲、人力物力不足等問題。加上接收人員良莠不齊，遂使施政效率低落，不能滿足民眾的需求，導致民怨不斷。

　　就政治而言，當時行政缺乏效率及充斥官僚作風，為臺人前所未見，而接收人員以統治者自居，貪污舞弊頻傳，喪失政府的公信力。經濟方面，陳儀不但未能控制通貨膨脹，解決失業恐慌，反而以專賣獨占的方式與民爭利。1946 年底，失業人口達四十五萬多人，物價上漲指數更無法控制，尤其糧價居高不下，人民更加艱苦。社會方面，治安日益敗壞，常見軍警人員壓迫民眾之事。文化方面，兩岸分治五十年所產生的文化隔閡，接收的官員不但沒有注意處理，反而抱以敵視的態度，終致文化摩擦擴大。以上這些原因無形中埋下 1947 年「二二八事件」的種子。

政治的壟斷與失政

　　戰後，國民政府在臺灣政治上的表現，體制上是殖民統治的延續，

權力由大陸權貴壟斷，再加上軍警的作威作福，接收形同「劫收」等，種種的失政令臺人相當不滿。

根據〈臺灣省行政長官公署組織條例〉，臺灣省行政長官不僅在臺灣省境內享有極大的委任立法權，而且擁有行政、立法、司法的絕對指揮與監督之權，再加上陳儀又身兼臺灣省警備總司令，其權力較諸日本時代的軍人總督，有過之而無不及，此等體制的設計本質上與日本殖民統治的象徵機構「總督府」並無二致，令原本充滿期望的臺灣民眾大感訝異，許多臺灣人便以「新總督」來戲稱「臺灣省行政長官」。

戰後，日本人陸續離開臺灣，原日人把持的行政體系理應由臺灣人來填補，但陳儀政府卻以「臺灣人沒有政治人才」、「臺胞不懂國語國文」為藉口，把許多受過良好教育的臺灣人排斥在外，由大陸人取代了戰前日本人的地位。如臺灣省行政長官公署的二十一位最高層官員，只有一位副處長是臺灣人；十七個縣市長中，也只有三個縣市長為臺灣人。再如，在二百九十八個視察以上的中、高層重要的主管中，臺灣人僅占二十位，大陸人占二百七十八位。另由 1946 年 11 月臺灣省行政長官公署所發表的資料顯示，在總共四百四十五個簡任、簡任待遇以上的高級官員中，臺灣人只有三十六人，占 8.1%，大陸人占 91.9%；總共三千一百四十二個薦任、薦任待遇的中級官員中，臺灣人只有八百零六人，占 25.6%，大陸人占 74.4%，見表 4-1。這種由大陸權貴壟斷重要職位的現象，使得滿懷期待，以為光復後可以一展抱負的臺灣菁英，不免感到失望與憤懣。

表 4-1　臺灣省行政長官公署中級以上公務員之人數統計

	特　任		特任待遇		簡　任		簡任待遇		薦　任		薦任待遇	
	人數	%	人數	%	人數	%	人數	%	人數	%	人數	%
臺灣人	0	0	0	0	12	5.6	24	10.5	319	18.7	487	33.9
大陸人	1	100	2	100	202	94.4	204	89.5	1,385	81.3	951	66.1
合　計	1	100	2	100	214	100	228	100	1,704	100	1,438	100

資料來源：《民報》，1946 年 11 月 15 日。

　　日治時期由於總督府利用警察及保甲嚴密控制臺灣社會，因而臺灣治安相當良好。終戰初期將近兩個月的「政治真空期」，臺灣人為了證明不會輸給日本人的骨氣，故反而做到「夜不閉戶，路不拾遺」的狀態。但是，奉調來臺接收的雜牌軍及七十軍上岸後，整個情勢完全改觀，許多軍人偷竊、耍賴、威脅、詐欺、恐嚇、調戲、搶劫、殺人等無所不為，此等行徑，當時臺灣民間稱之為「賊仔兵」。軍警的作威作福令臺人深感厭惡，成為二二八事件的導火線之一❷。

　　除軍警的搶奪物資之外，國民政府的接收人員利用公權力將臺灣的軍事及經濟物資掠奪而去者更不計其數，接收形同「劫收」。接收人員到「光復區」專接收金條、洋房和高位，中飽私囊，時人譏之為「五子登科」❸，臺灣的情形亦是如此。戰後初期的《民報》以社論〈祖國的懷抱〉沉痛說道：「光復當初，臺胞們的熱烈興奮，也是因為待望祖國的懷抱，而情不自禁所致的。老實說：重新相逢祖國，是使我們失望得很，祖國的政治文化的落後，並不使我們傷心，最使我們激憤的，是貪污舞弊，無廉無恥。」另一篇社論〈勸勉學徒諸君〉：「光復未久，由外省搬入許多貪污頹廢的惡作風，把諸君的熱情吹冷了。」臺灣人民內心的痛苦與失望，可想而知。

弊病叢生的民生經濟

　　臺灣「光復」後的困境除了政治上的失政外，統制經濟的剝削、民生凋敝等因素，使臺灣人民的生活更加窘困。

　　國民政府接管臺灣後，採取全面性的統制經濟。首先是將日人留下

---

❷　據故省議員、醫學博士韓石泉的回憶指出：「光復後，使余感覺驚異者，隨身攜槍之士兵、警員特別多，因此時肇事端，如臺南市編餘士兵與警員衝突，新營鎮眾與警員衝突，員林鎮法警與警局衝突，甚至夫妻口角亦拔槍示威。至於嫌疑犯拒捕擊斃者，時有所聞，此實為惹起二二八事件之導火線。」

❸　所謂「五子登科」係指：金子、房子、車子、位子、女子。

諷刺漫畫:〈勝利之「果」〉(張
文元,上海《時與文》,1947年
3月。)

來的二百三十七家公私企業,六百餘個單
位,全歸臺灣省行政長官公署各處局所設的
二十七家公司經營,致無論是交通運輸業,
農漁牧產品,以及鋼鐵、電力、水泥、機械、
造船、石油、木材、造紙、印刷、紡織、磚
瓦、油脂、電器、化學藥品、製鹽等產品,
無一不在統制之列。

其次是將煙、酒、樟腦、火柴、度量衡
等物品全部納入專賣局專賣,依照行政長官公署的規定,專賣物品僅限
於這五種,但實際專賣的物品包括煤、鹽、糖、燒鹼等。另外,設臺灣
省貿易局,它除了接收日本三菱商事、三井物產等「株式會社」的龐大
資產外,還壟斷了全島工農產品的購銷,將最賺錢的砂糖、米、樟腦、
鹽、煤炭、木材、水果、漁產、大甲蓆等運出島外,又將肥料、麵粉、
棉布、汽油、汽車等由島外輸入,高價轉售給商人,以獲取暴利,這些
利益大部分歸入私人,只有少部分編入政府預算。統制經濟的結果,誠
如當時的監察委員楊亮功及何漢文在調查中所言:「以工商企業之統制,
使臺灣擁有巨資之工商企業家不能獲取發展之餘地;因貿易局之統制,
使臺灣一般商人均受極端之約束;因專賣局之統制,且使一般小本商人
無法生存。」

由於屬行統制經濟,公營事業的無限擴大,遠超過日治時期之獨占
企業,再加上官場貪污舞弊的作風,以及外行領導內行,以致經營不善,
許多公營企業不能再自給再生產資金,均以銀行貸款是賴,導致銀行超
貸。貸款的膨脹,促進通貨增發,通貨增發,刺激物價上漲,見表4–2。
戰爭期間生產設備受到破壞,導致生產萎縮;再加上受到中國大陸惡性
經濟恐慌的波及,物價暴漲更加嚴重。百業蕭條,伴隨著失業人口的增
加,種種因素使陳儀政府逐漸失去臺灣人心。1946年5月31日上海《大
公報》的社論〈我們對臺灣的意見〉一文描述當時的情形最貼切:「臺灣

光復僅在政治上，臺胞的經濟地位並無改善，實在光復得十分空虛！再加上，接收下來而生產停頓，物價逼人，生活比從前痛苦加倍，人心就在這個洞中流去了。」

表 4-2　1946-1947 年臺北市主要民生日用品價格變動表

時間　　種類	1946 年 1 月	1947 年 2 月	上漲倍數
米（斤）	6.30	32.33	4.13
麵粉（斤）	12.16	74.50	5.13
豬肉（斤）	40.00	123.33	2.08
雞蛋（個）	10.00	90.00	8
花生油（斤）	28.00	126.00	3.5
鹽（斤）	0.75	14.00	17.66
白糖（斤）	3.50	74.00	20.14
茶葉（斤）	10.16	106.00	9.43
香煙（十支）	4.00	8.00	1
陰布（尺）	20.50	120.00	4.85

　　經濟蕭條，民生凋敝，失業人口增加，使得終戰後臺灣的社會盜賊四起。再加上到處為非作歹的軍警，使得社會治安益加惡化，二二八事件前的臺灣社會就一直處在風雨飄搖之中。

文化隔閡與摩擦

　　兩岸分治五十年，文化產生隔閡，再加上不了解，導致衝突加大。臺灣人在「光復」前因抗拒日本統治，對「祖國」自然加以理想化而心嚮往之。到「光復」後，才發現真正的中國與心目中的「祖國」差距甚大，期望愈高，失望愈深。經過五十年的不同發展，海峽兩岸已經明顯地呈現相當大的生活差距，臺灣不論在經濟發展、教育改善或社會文化等方面的水準，種種數據顯示均較中國大陸進步，如以最能代表一個社會工業化程度和生活水準的發電量做比較，1936 年，全臺人口僅中國大

陸人口的 1.2%，但卻使用全中國大陸 23% 的發電容量裝置；1944 年，
全臺人口是中國大後方的 2.1%，卻使用了中國大後方的 442% 發電容量
裝置。又如在教育方面，以戰前學齡兒童就學率來比較，1929 年，臺灣
是 31.1%，中國大陸是 17.1%；1945 年，臺灣是 80%，中國大陸是 61%。
社會文化方面，過去漢人社會的不衛生、不守時、不守法等陋習，也在
「日本化」的過程中袪除不少。

　　雖然臺灣的進步為旅臺的大陸人所共見，也儘管大陸人士來臺之初
受到臺灣人的熱情歡迎，但雙方在開始接觸相處後，彼此便產生不適應
感。大陸人由於八年抗戰的關係，對於「東洋風」相當反感，因此也連
帶對感染日本氣息極濃厚的臺灣人「另眼看待」。結果，許多大陸人視臺
灣人受日本的「奴化」，動輒以「奴化」加諸於臺人，二二八事件後，臺
灣省行政長官公署所編的《臺灣省二二八暴動事件報告》，仍將事因歸咎
於「日本奴化教育之遺毒」。

　　大陸人對臺灣人的「奴化」與「東洋味」，固然不以為然；但臺灣人
對於大陸人的許多作風，也難以接受，除了不滿於「新征服者」的許多
政、經措施及貪污舞弊的風氣之外，對於許多大陸人的言行舉止，亦頗
感不慣。1947 年 2 月 19 日《民報》的社論，對於文化隔閡及摩擦有深
刻的解釋：「自祖國來臨的大先生們，時常說我們奴化，當初我們很憤慨，
不知道指什麼為奴化，現在我們已經了解了，奉公守法，即是奴化，置
禮義廉恥於度外，才是夠在這個『祖國化』的社會裡生存。」這篇社論刊
出的八天後，二二八事件發生。

◎ 文獻導讀

史堅，〈臺灣的災難〉，香港《青年知識》，20 期，1947 年 3 月 16 日。

不幸的是，我們的「接收」官員們都是一群帶有強烈掠奪性的親戚同鄉等關係結合成的封建集團，他們以「新征服者」的姿態出現，用元朝對待南人一樣的態度，對待臺灣同胞。他們又從內地帶來了「執法者違法」的精神，營私舞弊，劫收中飽，腐蝕臺灣的政治經濟。同時更受獨裁和內戰的影響，徵糧徵實徵兵，接二連三加重臺灣同胞的負擔，臺灣人民察覺到他們所歡迎的人，很快的便踐踏到他們的頭上，使他們透不過氣來，他們埋怨地說：「盟國對日本的懲罰，不過投落了兩顆原子彈，可是對臺灣卻是來了一群貪官污吏」。他們對於「新征服者」，正如農夫對於蝗蟲一樣的憎恨。……一八九五年日本的「接收」，臺灣人所得到的，是殖民地的「法治」，可是一九四五年中國的「接收」，臺灣人卻又得到「無法無天」的統治，他們覺得前者比後者還要好，最低限度還有法律根據，不致無所適從。這也是另一個顯然的對照。

◎ 活動與討論

以下兩圖為戰後初期的兩幅漫畫，假如今日臺灣社會有發生漫畫中的情形，會產生什麼影響？假如你是執政者，漫畫中的情形要如何消弭？（《新新》月報第 3、6 號）

〈原來如此〉，《新新》月報，第 3 號。

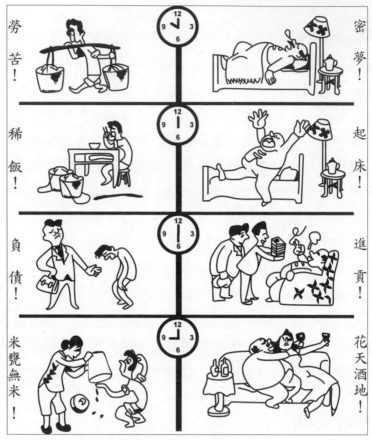

〈種人一日記〉,《新新》月報,第6號。

◎ 延伸閱讀

李筱峰,《解讀二二八》,臺北：玉山社出版事業股份有限公司,1998。

第三節　二二八事件

提　要

　　1947 年 2 月 28 日爆發牽動全島的二二八事件，事件的導火線雖是查緝私煙所引起，但背後的意涵是臺灣人對「祖國」從期望到失望的心情。二二八事件除了直接造成人員的傷亡外，間接的在政治上、情感上產生深遠的影響。

事件的原因

　　1947 年 2 月 28 日臺灣各地發生民眾與國民政府對抗，因而造成許多人民傷亡，史稱「二二八事件」，此為臺灣史上不幸事件，其原因甚為複雜，學者有不同的看法，基本上可歸納成：文化衝突論、經濟困頓論、政治弊端論、共黨煽動論等幾種論述。

　　㈠文化衝突論：文化衝突又可分為二方面，一是語言，二是生活習慣及觀念。就語言方面，以普通話（國語）為當時來臺大陸族群中的重要共同語言，臺灣的母語主要以福佬話為主，客家語次之，一般社會上以母語為主，日語為輔。臺灣的「光復」雖然令臺灣同胞振奮，但在彼此語言不通的情況下，許多不必要的糾紛便層出不窮。其次是生活習慣及觀念方面，臺灣是一個移墾社會，人民具有克勤克儉的習慣，加上日本五十年的嚴格統治，生活雖單調但不散漫，反觀當時部分大陸接收人員，具有過客心態，對於臺灣存有淘金心理。當時擔任國民黨臺灣省黨部主任委員的丘念臺便指出：「派臺政軍良莠不齊，不免有以征服者態度相臨之輩。」而大陸來臺人員對於臺灣地區充斥的日本文化表現，亦不能接受，對於臺灣文化，並未給予適當的尊重。結果使臺灣人民對於祖國

從盼望變為失望，兩者不協調的文化及社會現象造成了爭端之源。

　　㈡經濟困頓論：戰後臺灣因百廢待舉，再加上陳儀在臺灣實施統制經濟，壟斷臺灣的民生貿易與工業發展，處處與民爭利，影響經濟的發展，造成人民的不滿與失望。更嚴重的是通貨膨脹惡化，以糧食為例，戰後由於化學肥料供應減少，連帶影響到農業稻米的生產，物價逐漸上漲。1945 年發行的紙幣比 1944 年多出四倍左右，1946 年發行的紙幣又多出 20%。因之引起臺灣人民的不滿，將一切的因素歸咎於外來的統治。

　　㈢政治弊端論：戰後國民政府接收最為人所詬病者為接收人員的貪污問題。日本投降後，國民政府為處理收復區與光復區的各項問題，視接收為戰後的首要工作。然國民政府所派的接收人員素質良莠不齊，因此「五子登科」、「劫收」之傳聞不絕於耳。1946 年夏，美國駐臺領事館一位職員說：「警察局中貪污之風盛行於該機構的每一層次」。有多人因貪污事件被送法辦，貿易局及專賣局長即被革職。諸如此類層出不窮、光怪陸離的貪污奇譚，在日治時期是難得一見的，但是，沒想到「回到祖國懷抱」的臺灣人民，卻是大大開了眼界，其內心的痛苦與失望，不可言喻。國民政府雖極力整頓，陳儀手令各機關嚴禁牽親引戚，重申貪污人員不論大小，決予議處，但效果不彰。結果，臺灣人民心理不滿，成為造成二二八事件的重要因素之一。

　　㈣共黨煽動論：有關戰後中共對於臺灣地區的影響及與二二八事件的關係，看法不一，有些人誇大共產黨的影響，有些人則主張毫無直接關係。當時共黨分子謝雪紅等藉專賣局緝私人員取締煙販為導火線，煽惑部分年輕學生，趁政府軍隊調防之際，擴大暴動，因此共產黨雖非主導者，但確有火上加油之嫌。

事件的經過

　　二二八事件的引爆，與陳儀在臺灣實施專賣制度有關，在全面統制經濟下，商賈寸步難行，小販斷了生路。

1947 年 2 月 27 日上午 11 時左右，臺灣省專賣局接到密報說在近淡水港有小船走私火柴捲煙五十餘箱，專賣局派查緝人員和警員前往現場查緝。不久又接獲密報說私貨已移至臺北市太平町（今延平北路）附近銷售，查緝人員即刻趕往該地查緝，結果查到四十歲寡婦林江邁販賣私煙。查緝人員命令將私煙交出，林苦苦哀求，查緝人員置之不理。這時圍觀的民眾甚多，也加入求情行列。林江邁抱著一位查緝人員不放，查緝人員用槍托打了她的頭，鮮血直流，結果群情激動，查緝人員為要擺脫群眾，開槍擊中圍觀市民陳文溪，送醫不治，群情怒不可遏，要求將兇手繩之以法。

2 月 28 日上午 9 時許，民眾因沒得到滿意的答覆，提出：「廢止專賣局」、「停止查緝外國私煙」等口號，並攻擊派出所。臺北市市長游彌堅、市參議會議長周延壽和憲兵團團長張慕陶等前往勸止，表示政府一定嚴懲失職人員，但群眾相當堅持。下午 2 時許，群眾占領臺灣廣播電臺（今臺北市二二八紀念館），向全省廣播，批判官吏貪污、米糧外運等問題。中南部來臺北批貨的商旅，亦將所見隨南返將消息傳往中南部。

軍警與群眾發生衝突，造成多人傷亡，民眾展開報復行動。隨後學生罷課、商家罷市、機關人員無心上班，情形極為混亂，各種口號如：「打倒陳儀商店專賣局」、「實施臺灣高度自治」、「實施新民主主義」等相繼出現，電臺並不斷的廣播攻擊官吏的貪污腐化。

此時有些臺灣民眾將怨氣遷怒於外省人，因此各地傳出外省人被毆打的事件，從 2 月 28 日至 3 月 5 日實為外省人在臺灣最艱苦的時期，然此一時期亦有不少臺人保護外省人。

為恢復秩序，28 日晚上 7 時許，省議會議長黃朝琴、臺北市

臺北・二二八紀念館（本局拍攝）

黃榮燦木刻‧〈恐怖的檢查〉：描寫軍隊在二二八事件期間的血腥鎮壓，黃榮燦本人最後死於白色恐怖時期。

議會議長周延壽、國大代表謝娥等同到廣播臺廣播，呼籲民眾冷靜。但事件則已延伸至全省各地，其中臺北、基隆、高雄、嘉義、臺中等地較為嚴重。

武力鎮壓與清鄉行動

　　3 月 1 日，臺灣籍民意代表組成「緝煙血案調查委員會」，要求陳儀解除戒嚴、釋放被捕市民、軍警不許開槍等。陳儀全部接受，並認為應將處理委員會定名為「二二八事件處理委員會」較妥。處理委員會成立後，負起整合民意與進行政治交涉的重任，但也將原本要求懲凶的治安事件，逐漸升高為政治行動，進一步要求政治全面改革。3 月 6 日處理委員會提出三十二條要求，後又增加至四十二條要求，這四十二條要求經向陳儀提出，後成為「反抗中央背叛國家陰謀」的罪證，武力鎮壓的藉口。除由各級民意代表及地方士紳組成的「二二八事件處理委員會」循協商途徑與陳儀談判外，另各地有民間武力的組成，如臺中的二七部隊，係採武裝的方式進行抗爭。

　　由於局勢惡化，全臺鼎沸，陳儀一面應付處理委員會，一面向南京中央政府要求派兵。3 月 8 日以後，政府軍陸續在基隆登陸。10 日，陳儀下令解散處理委員會，對全臺廣播〈戒嚴令〉，綏靖工作全面展開，由

於反政府者並無嚴密組織，故在政府軍來臺十天左右，全省各地的動亂就大致平息。

不料，動亂平息後，警備總司令部為「徹底肅清奸偽，防範其潛伏流竄，免滋後患」，乃於3月21日將全省分為臺北、基隆、新竹、中部、南部、東部及馬公等七個綏靖區，以該區最高軍事單位主管為司令，配合綏靖，頒布清鄉計畫、自新辦法，並派出綏靖、武器及宣慰等督導組，以督導績效，至5月15日，全部工作宣告完成。在武力鎮壓與清鄉行動中，民眾被捕被殺的情況屢見不鮮。「清鄉」的時間很長，幾乎可以延續到1949年以後國民政府撤退來臺，與「白色恐怖」時代相銜接。

二二八事件死傷人數究竟有多少，迄今仍很難有確切的數字。有關的估計，從數百人、數千人、一萬人、數萬人到十萬人，根據行政院「研究二二八事件小組」的研究，傷亡人數估計在一萬八千人至二萬八千人之間，此似較為臺灣一般人所接受的數字。除民眾被捕被殺外，清鄉行動中各地均傳出不法情事，亦令臺民敢怒不敢言。

結果及影響

二二八事件是一次影響臺灣民心與社會極為深遠的歷史事件。此一事件，不僅使當時臺灣不少士紳與地方菁英喪生，且導致若干無辜民眾之財產損失與牢獄災厄，加以政府對事件善後處理未盡妥善，以致若干受難家屬積怨難伸，社會人士也多有不平之鳴。4月11日，陳儀引咎辭職。22日，國民政府行政院通過臺灣省行政長官撤銷，依照〈省政府組織法改制〉，並任魏道明為省主席，臺政從此政治與軍事分離。

二二八事件對臺灣的影響不只是家破人亡的悲劇而已，還對臺灣往後的政治與社會影響甚鉅：一是臺灣人的性格受到嚴重的扭曲，過去一直被外來殖民統治下的臺灣人，顯得更加卑屈自辱，處處都要表現其不敢違抗統治者以求安全自保的奴隸性格；二是臺灣人對政治充滿恐懼感與冷漠感，且臺籍的知識分子菁英被捕殺，地方勢力日漸為國民黨所取

代，使得國民黨可以長期一黨專政，不利民主憲政的發展；三是海外臺獨發展，部分參與事件者或受難家屬，例如廖文毅、廖文奎兄弟，因而對國民政府不滿，甚至出走海外，籌組各種反政府組織，期推翻國民政府在臺的統治，成為「臺獨運動」的發端；四是不少臺民將此次悲劇歸諸外省人的報復，故對外省人敢怒不敢言，因而造成社會在婚姻上、就業上對外省人的排斥，造成「省籍情結」影響至今。

由於二二八事件頗多令人爭議之處，行政院因而於 1990 年成立「研究二二八事件小組」，對事件真相及撫慰措施進行研究，目前已有初步結論。前總統李登輝並於 1995 年 2 月 28 日當天公開為過去政府的處置失當道歉，二二八事件的補償條例亦已經立法院通過並開始進行補償工作。

〔附　錄〕

臺北・〈二二八紀念碑碑文〉

一九四五年日本戰敗投降，消息傳來，萬民歡騰，慶幸脫離不公不義之殖民統治。詎料臺灣行政長官陳儀，肩負接收治臺重任，卻不諳民情，施政偏頗，歧視臺民，加以官紀敗壞，產銷失調，物價飛漲，失業嚴重，民眾不滿情緒瀕於沸點。

一九四七年二月二十七日，專賣局人員於臺北市延平北路查緝私菸，打傷女販，誤殺路人，激起民憤。次日，臺北群眾遊行示威，前往長官公署請求懲兇，不意竟遭槍擊，死傷數人，由是點燃全面抗爭怒火。為解決爭端與消除積怨，各地士紳組成事件處理委員會，居中協調，並提出政治改革要求。

不料陳儀顢頇剛愎，一面協商，一面以士紳為奸匪叛徒，逕向南京請兵。國民政府主席蔣中正聞報，即派兵來臺。三月八日，二十一師在師長劉雨卿指揮下登陸基隆，十日，全臺戒嚴。警備總司令部參謀長柯遠芬、基隆要塞司令史宏熹、高雄要塞司令彭孟緝及憲兵團長張慕陶等人，在鎮壓清鄉時，株連無辜，數月之間，死傷、失蹤者數以萬計，其

中以基隆、臺北、嘉義、高雄最為慘重，事稱二二八事件。

　　斯後近半世紀，臺灣長期戒嚴，朝野噤若寒蟬，莫敢觸及此一禁忌。然冤屈鬱積，終須宣洩，省籍猜忌與統獨爭議，尤屬隱憂。一九八七年解嚴後，各界深感沉痾不治，安和難產，乃有二二八事件之調查研究，國家元首之致歉，受難者與其家屬之補償，以及紀念碑之建立，療癒社會巨創，有賴全民共盡心力。

　　勒石鑴文，旨在告慰亡者之天靈，平撫受難者及其家屬悲憤之情，並警示國人，引為殷鑑。自今而後，無分你我，凝為一體，互助互愛，相待以誠，化仇恨於無形，肇和平於永遠。天佑寶島，萬古長青。

財團法人二二八事件紀念基金會　謹立
中華民國八十六年二月二十八日

◎ 文獻導讀

〈三十二條處理大綱及十項要求〉（四十二條要求）節錄

對於目前的處理

一、政府在各地之武裝軍隊，應自動下令暫時解除武裝，武器交由各地處理委員會及憲兵隊共同保管，以免繼續發生流血衝突事件。

……

五、政府切勿再移動兵力或向中央請遣兵力，企圖以武力解決事件，致發生更慘重之流血而受國際干涉。

……

七、對於此次事件不應向民間追究責任者，將來亦不得假藉任何口實拘捕此次事件之關係者，對於因此事件而死傷之人民應從優撫恤。

　　根本處理

甲、軍事方面

一、缺乏教育和訓練之軍隊絕對不可使駐臺灣。

……

三、在內陸之內戰未終息之前，除以守衛臺灣為目的之外，絕對反對在臺灣徵兵，以免臺灣陷入內戰漩渦。

四、本省陸海空軍應盡量採用本省人。

五、警備總司令部撤銷，以免軍權濫用。

乙、政治方面

一、制定省自治法為本省政治最高模範，以便實現國父〈建國大綱〉之思想。

二、縣、市長於本年六月以前實施選舉，縣市參議會同時改選。

三、省各處長人選應經省參議會改選後為省議會之同意，省參議會應於本年六月以前改選，目前其人選由省處理委員會審議。

四、省各處長三分之二以上須由在本省居住十年以上者擔任之（最好祕書長、民政、財政、工礦、農林、教育、警務等處長應該如是）。

……

七、除警察機關之外不准逮捕人犯。

八、憲兵除軍隊之犯人外不得逮捕人犯。

九、禁止帶有政治性之逮捕拘禁。

……

二三、臺灣行政長官公署應改為省政府制度，但未得中央核准前，暫由二二八處理委員會之政務局負責改組，普選公正賢達人士充任。

……

二九、本省人之戰犯及漢奸嫌疑被拘禁者，要求無條件即時釋放。

三十、送與中央食糖十五萬噸，要求中央依法估價，撥歸臺灣省。

⊙ 活動與討論

　　文獻導讀所選錄的文獻是「二二八事件處理委員會」向陳儀提出的〈四十二條要求〉，請就當時的情形討論此〈四十二條要求〉何以被提出。

⊙ 延伸閱讀

1. 王育德，《王育德自傳：出世至二二八後脫出臺灣》，臺北：前衛出版社，2002。

2. 行政院研究二二八事件小組，《二二八事件研究報告》，臺北：時報文化出版企業股份有限公司，1994。

臺北・二二八紀念碑（本局拍攝）

3. 李筱峰，《解讀二二八》，臺北：玉山社出版事業股份有限公司，1998。

4. 沈秀華，《查某人的二二八：政治寡婦的故事》，臺北：玉山社出版事業股份有限公司，1997。

5. 林正盛導演，《天馬茶房》，青蘋果有限公司，1999。

6. 侯孝賢導演，《悲情城市》，學者有限公司，1989。

7. 許雪姬，《愛、希望與和平：二二八事件在高雄專輯》，高雄：高雄市立歷史博物館，2000。

8. George Kerr 著，陳榮成譯，《被出賣的臺灣》，臺北：前衛出版社，1991。

第五章　一言而為天下法

威權統治下的臺灣

第一節　威權統治及臺灣地位問題

提　要

　　1949 年中華民國政府移治臺灣，數十年來都是由中國國民黨一黨專政，常被視為「威權主義」式政治，尤其在 1987 年解除戒嚴之前，執政的國民黨長期擁有統治地位，幾乎壟斷政治資源，維持以黨領政的黨國體制政治。

政府遷臺及中國國民黨改造

　　1949 年 1 月 21 日蔣中正因內戰失利，被迫引退。他早在下野前即派蔣經國為中國國民黨（以下簡稱國民黨）臺灣省黨部主委，配合省主席鞏固臺灣情勢。5 月 26 日蔣中正抵臺，時雖已無總統身分，但卻在草山（陽明山）成立總裁辦公室，透過黨的系統，一方面掌控大陸軍政策略，一方面親自指揮治臺。

　　因國共內戰軍事節節失利，國民政府自 1949 年 4 月撤離南京後，一遷廣州，再遷重慶，三遷成都，乃有以臺灣作「反共復國」基地的想法。同年 12 月，行政院在成都召開緊急會議，決議政府遷設臺北。同時，國民黨中央黨部亦遷臺北。

　　國民黨撤退來臺後，鑑於中國大陸的失利及面對中共的強力挑戰，蔣中正總裁對於原有的黨機器及運作方式信心大減，乃提出改造國民黨的主張，並以黨的改造作為調整國家體制運作的基礎。原本在 1949 年 7 月國民黨即已通過改造案，但並沒有實施。1950 年因韓戰的爆發，美國介入臺海問題，實施所謂「中立化」政策，臺灣直接面對中共政權武力的危機暫告解除，國民黨中央常務委員又通過〈中國國民黨改造方案〉，

反共復國年代的文宣

改造的結果，蔣中正總裁直接建立其對黨組織的領導權，蔣經國則透過幹部組訓工作，奠定其日後接掌黨機器的重要基礎。

1952年國民黨的改造工作大體完成，原本派系林立的黨組織，轉化成以組織為核心的「革命民主政黨」，並貫徹「以黨領政」、「以黨領軍」的精神。國民黨的改造奠定了日後蔣中正、蔣經國相繼領導國民黨在臺灣的主政地位，和臺灣基本的政治格局。

實施戒嚴

1949年5月20日，臺灣省政府及臺灣省警備總司令部基於國防安全，宣布於是日起，全省實施戒嚴。其要點有：

1.除基隆、高雄、馬公三港外，其餘各港一律封鎖，基隆、高雄兩港市，每日上午一時起至五時止，為宵禁時間。

2.嚴禁聚眾集會、罷工、罷課及遊行請願等行動；嚴禁以文字標語或其他方法散布謠言。

3.居民無論家居外出，皆需隨身攜帶身分證，以備檢查，否則一律拘捕。

4.造謠惑眾、聚眾暴動、搶劫財物、罷工罷市、鼓動學潮、破壞交通者處死刑。

〈戒嚴令〉的頒布，基本上是以政局安定及統治者維繫政權為考量，故乃以昔日大中國的架構作設計，即便在文化思想方面，也以三民主義、反共抗俄的國策作依據，不容許有不同的言論與主張出現。

威權體制的建立及特色

1949 年中華民國政府遷移臺灣，此後五十年由國民黨執政的政治型態，通常被視為「威權主義」式政治。當時執政的國民黨長期壟斷政治資源，其他政治勢力僅可視為民主政治的裝飾，對執政者不具結構性的威脅作用。威權政治的統治型態，呈現以下的特徵：

㈠黨國體制：執政的國民黨以黨治國，以黨領政。其領導階層是高度一致的政治菁英，以大陸籍人士為主。內部階層權威嚴明，有高度政治共識。

㈡一黨獨大：在黨禁未解除前，臺灣是黨外無黨，黨內無派，只有裝飾性的中國青年黨、中國民主社會黨。

㈢動員戡亂體制：1947 年 7 月，南京國民政府頒布〈動員戡亂令〉，次年 5 月，公布〈動員戡亂時期臨時條款〉，授權總統為避免國家或人民遭遇緊急危難或應付財政經濟上重大變故，得為緊急處分，不受《憲法》之限制。1949 年 5 月，又頒布〈戒嚴令〉。此後，國民政府即以〈動員戡亂時期臨時條款〉及〈戒嚴令〉控制了整個政治系統的運作。在此一體制下，總統權力擴大，中央民意代表不必改選，人民的言論、集會、結社、出版及新聞等自由受到限制；同時，情治系統勢力擴張，以便確保統治者對政治情勢的掌握。

㈣強人式政治：在五十年的威權主義政治下，蔣中正、蔣經國父子長期掌握最高權力。他們集黨、政、軍大權於一身，以個人意志決定施政方針和政策。

㈤開發、獨裁型政治：國民政府須兼顧安全、法統與發展，進行計畫經濟創造臺灣經貿實力，「政經分離」的政策，使臺籍人士專注於企業經營。

㈥對美國的高度依賴：因韓戰爆發，中共出兵朝鮮，使得美國對臺灣的援助轉趨積極。1954 年《中美共同防禦條約》簽字，臺灣正式納入

由美國支持的防禦系統。日後包括政治、外交、經貿、教育、文化各方面，美國的各種政策改變均影響臺灣極深。

「臺灣地位」問題

　　韓戰爆發後美國總統杜魯門發表臺灣「中立化」宣言，提出：「從此次北韓攻擊南韓的戰爭行動，可以明白看出共產主義者不僅是進行破壞行動，更居然訴諸武力，…… 在此情況下，臺灣若落入共產主義者手中，將直接影響到太平洋區域的安全。因此，我已下令第七艦隊防止任何對臺灣的武力攻擊。另一方面，我也對臺灣的中國政府呼籲停止向中國本土進行全面的海空作戰行動，臺灣將來的地位，必須等到太平洋的安全恢復，及對日本的和平條約成立後，或者聯合國予以考慮，才能確定。」此即造成後來所謂「臺灣地位未定論」爭議的由來。1951 年 9 月，盟國的四十八國代表在舊金山與日本簽訂的和約中第二條規定：「日本應放棄對臺灣及澎湖群島的權利、權限及請求權」（11 月 18 日日本國會批准生效）， 但此和約中，沒有說明日本放棄臺、澎之後，將之交給誰承接。當然這是根據杜魯門聲明所作的巧妙安排，使得繼承中華民國的中華人民共和國得不到國際法上的權利義務來接管臺灣。在簽訂《舊金山和約》的四十八國當中，並沒有包括「中華民國」，因為此時的中華民國政府，已經撤離了原來中華民國建國以來的絕大部分國境，而撤退在地位未定的臺、澎。臺、澎並非與日本作戰的地區或國家，而是戰時日本的領土，因此臺、澎不可能產生一個統治政府出來參與交戰雙方的和約問題。

　　日本在《舊金山和約》中正式放棄臺、澎之後，才在翌年（1952 年）4 月派代表來臺北與中華民國政府簽訂《中日和平條約》（即《日華和平條約》）。條約中第二條規定：「茲確認 1951 年 9 月 8 日在美國舊金山簽署之《對日和約》第二條規定……日本已放棄所有對臺灣及澎湖的權利、所有權及主張。」條約中日方仍未表明領土的歸屬問題。不過在規定條約適用範圍的第一號照會中，雙方言明「本約各條款關於中華民國之

一方，應適用於現在中華民國政府控制下或將來在其控制下之全部領土。」臺灣由日本脫離，但並未併入中國或其他任何一國，臺灣的前途，應依據人民自決方式的原則，決定是要維持現狀、成為兩岸統一、或是成為主權獨立的國家❶。

✒ 文獻導讀

〈戒嚴令〉

臺灣省政府、臺灣省警備總司令部布告　　嚴字第壹號

一、本部為確保本省治安秩序，特自五月二十日零時起，宣告全省戒嚴。

二、自同日起，除基隆、高雄、馬公三港口在本部監護之下，仍予開放，並規定省內海上交通航線（辦法另行公布）外，其餘各港，一律封鎖，嚴禁出入。

三、戒嚴期間規定及禁止事項如左：

　㈠自同日起，基隆高雄兩港市，每日上午一時起至五時止，為宵禁時間。非經特許，一律斷絕交通，其他各城市，除必要時，由各地戒嚴司令依情形規定實行外暫不宵禁。

　㈡基隆高雄兩市各商店及公共娛樂場所，統限於下午十二時前，停止營業。

　㈢全省各地商店或流動攤販，不得有抬高物價，閉門停業，囤積日

---

❶ 在學、政界也有另一派認為即使《舊金山對日和約》和《中日和平條約》只規定日本必須放棄臺灣一切權利、名義與要求，而未規定主權移轉給中國，但這並不表示中國不能取得臺灣在法律上的主權。國際法上有所謂的「保持占有主義」，也就是除了和約對於被征服的領土另有規定者外，對於被征服的領土若繼續由占領者保有，占領者可將其吞併。再者，就中華民國政府而言，它已將臺灣併入其領土，並有效採取一些政府的行為，明顯地宣示主權的意圖與行為，沒有其他國家對臺灣提出主權主張且對臺灣行使有效主權，中華民國政府便符合了「先占」及「時效」原則，因此，他們認為臺灣主權屬於中華民國政府，持此說的著名代表人物有丘宏達、林金莖等。

　　　用必需品擾亂市場之情事。

　　㈣無論出入境旅客，均應遵照本部規定，辦理出入境手續，並受出
　　　入境之檢查。

　　㈤嚴禁聚眾集會罷工罷課及遊行請願等活動。

　　㈥嚴禁以文字標語、或其他方法散布謠言。

　　㈦嚴禁人民攜帶槍彈武器或危險物品。

　　㈧居民無論家居外出，皆須隨身攜帶身分證，以備檢查，否則一律
　　　拘捕。

四、戒嚴期間，意圖擾亂治安，有左列行為之一者，依法處死刑。

　　㈠造謠惑眾者。

　　㈡聚眾暴動者。

　　㈢擾亂金融者。

　　㈣搶劫或搶奪財物者。

　　㈤罷工罷市擾亂秩序者。

　　㈥鼓動學潮、公然煽惑他人犯罪者。

　　㈦破壞交通通信，或盜竊交通通信器材者。

　　㈧妨害公眾之用水及電氣煤氣事業者。

　　㈨放火決水，發生公共危險者。

　　㈩未受允准，持有槍彈或爆裂物者。

五、除呈報及分令外，特此布告通知。

中華民國三十八年五月十九日

主席兼總司令陳誠

◎ 活動與討論

　　就 1949 年 5 月 20 日起所頒布的〈戒嚴令〉，至 1987 年方才解除。
假如目前還有〈戒嚴令〉的存在，請討論其內容對目前臺灣的政局及你
的日常生活會產生什麼影響。

◎延伸閱讀

1. 李筱峰，《臺灣民主運動四十年》，臺北：自立晚報社文化出版部，1987。

2. 若林正丈著，洪金珠、許佩賢譯，《臺灣：分裂國家與民主化》，臺北：月旦出版社，1994。

3. 臺灣主權論述資料選編編輯小組，《臺灣主權論述資料選編》，新店：國史館，2001。

4. 戴天昭著，李明峻譯，《臺灣國際政治史》，臺北：前衛出版社，2002。

第二節　地方自治及行政革新

提　要

　　國民政府對外面臨中共政權武力壓力，以及爭取國際支持的需要；對內則面對臺灣本土菁英要求參加臺灣地方自治事務的強烈意願，1950 年代臺灣地方自治因而展開。1970 年代以後，由於社會日趨多元，各種自發性的群眾運動亦相繼出現，人們對威權體制的不滿乃日益強烈，政府被迫進行行政革新。

地方自治的發展

　　戰後臺灣各級民意機關建立程序是由下而上，先成立村里民大會，由村里民大會選舉縣市參議員，成立縣市參議會；再由縣市參議員選舉省參議員，成立省參議會。1946 年 4 月，選舉省參議員，為臺灣地方自治之開端。

　　1950 年，臺灣省政府公布施行〈臺灣省各縣市實施地方自治綱要〉，行政區由終戰後初期的八縣九市，調整為十六縣五省轄市。是年，第一屆縣市議會議員選舉、第一屆鄉鎮縣轄市區長選舉、第一屆縣市長選舉陸續開始辦理。縣市議員、鄉鎮縣轄市民代表最初任期二年，1955 年起改為三年，1964 年起延長為四年。縣市長任期原規定為三年，自 1960 年第四屆起改為四年，連選得連任一次。

　　第一屆省參議員的名額，依〈省參議員組織條例〉規定，每縣市僅有一人。臺灣省依實際必要增加至三十名。應選名額僅三十名，而全省登記參加競選的候選人，經核定結果，竟多達一千一百八十人之多；各縣市中，多者達四百八十一人。此一千一百八十人的候選人，是投票選

1953 年臺灣省第二屆縣市議員選舉

舉人五百二十三名縣市參議員的二‧二六倍，此數字在臺灣地方自治史上不僅是空前，也可能是絕後的。

省參議員的任期原規定為二年，惟因政局動盪，奉准延長，直至 1951 年第一屆臨時省參議員就職後方告屆滿。第二屆臨時省議會議員選舉由公民直接選舉產生，由於〈省縣自治通則〉短期內無法公布實施，行政院乃於 1959 年決定第三屆臨時省議會於任內改稱第一屆省議會。臨時省議會的任期原為二年，至 1954 年第二屆改為三年，復於 1963 年第三屆省議會延長為四年。

臺灣省省主席及後來升格的臺北市、高雄市市長早期都是由官派產生，而省政府組織亦無法規作標準，隨著反對勢力的興起，強力要求省長民選及制訂法律規範省府。1993 年通過〈省縣自治法〉及〈直轄市自治法〉後，翌年完成省市長民選的工作。1998 年進行「精省」工作，廢除省長民選及省議會。

綜觀終戰後臺灣地方自治的發展，可以看出公民參與地方自治之熱忱，為實施地方自治，培育地方人才方面亦有相當成果。但中央獨大體制掌握地方人事權及財政權，至今仍是中央與地方爭執的焦點。

表 5-1　精省前臺灣省政府歷任首長及省議會議長名錄

任別	姓名	到任時間	籍貫	到任前職務	任　期	卸任後職務	省議會議長
長官	陳　儀	1945 年 10 月	浙江	臺灣調查會主委	1 年 6 月	國民政府顧問	黃朝琴
1	魏道明	1947 年 5 月	江西	立法院副院長	1 年 8 月	離職赴美	黃朝琴
2	陳　誠	1949 年 1 月	浙江	東北行轅主任	1 年	東南行政長官	黃朝琴

3	吳國楨	1949 年 12 月	湖北	總裁辦公室設計委員	3 年 4 月	政務委員	黃朝琴
4	俞鴻鈞	1953 年 4 月	廣東	財政部長	1 年 2 月	行政院長	黃朝琴
5	嚴家淦	1954 年 6 月	江蘇	財政部長	3 年 2 月	行政院長	黃朝琴
6	周至柔	1957 年 8 月	浙江	國防會議秘書長	5 年 4 月	總統府參軍長	黃朝琴
7	黃 杰	1962 年 12 月	湖南	警備總司令	6 年 7 月	國防部長	黃朝琴 謝東閔
8	陳大慶	1969 年 7 月	江西	陸軍總司令	3 年	國防部長	謝東閔
9	謝東閔	1972 年 6 月	臺灣	省議會議長	6 年	第六任副總統	蔡鴻文
10	林洋港	1978 年 6 月	臺灣	臺北市長	3 年 6 月	內政部長	蔡鴻文
11	李登輝	1981 年 12 月	臺灣	臺北市長	2 年 5 月	第七任副總統	高育仁
12	邱創煥	1984 年 6 月	臺灣	行政院副院長	6 年	總統府資政	高育仁 簡明景
13	連 戰	1990 年 6 月	臺灣	外交部長	2 年 8 月	行政院長	簡明景
14	宋楚瑜	1993 年 3 月	湖南	國民黨秘書長	1 年 9 月	第一任民選省長	簡明景
15	宋楚瑜	1994 年 12 月	湖南	臺灣省主席	4 年	－	劉炳偉

蔣經國主政及行政革新

　　蔣中正總統於 1975 年逝世，結束他將近五十年的強人統治。在他的晚年，由於年歲已高，其子蔣經國已逐漸接掌大權。1972 年蔣經國出任行政院長，1978 年再接任總統。

　　在蔣經國主政的前期，面對國內改革的呼聲，被迫著手進行一些政治改革，包括：1.推動行政革新，減少官僚主義❷；2.實行提拔青年才俊和政治本土化政策，包括在黨政部門內大量啟用臺灣籍人士等；3.舉辦中央民意代表增額選舉，注入國會的民意基礎。

　　本土化政策的表現以人才的拔擢最為顯著，蔣經國由於長期深入民

❷　蔣經國任行政院長時就強調重視協調、廉潔和形象，曾發表公務人員「十誡」，各級官員不得到酒家食堂、黑色咖啡館、歌廳，也不得有鋪張浪費的婚喪典禮，或其他幾項不當娛樂。

間，接觸臺籍地方菁英，深刻了解倘若國民黨政權要在臺灣生存發展，必須立即擴大其人才晉用政策，也就是強化「本土化」政策，加速菁英整合。人才本土化政策，並非狹義的重要臺灣籍人士，而是選拔在臺灣成長的新一代政治菁英，匯納到國民黨的領導階層，即一般稱之的「青年才俊」。這一代政治菁英所具備的特色是五十歲以下，具備高學歷，有專門知識或技術的學者專家。由於他們成長歷程都是在臺灣，因此他們對於臺灣這塊

蔣經國

土地的情感高於上一代，對於建設臺灣充滿使命感。此時期陸續被拔擢的臺籍菁英如徐慶鐘、林金生、林洋港、李登輝、邱創煥、施啟揚等人。

　　受「動員戡亂」體制的限制，臺灣早期的選舉最高層次只能選到省議員和縣市長，不能改選中央民意代表，但經過二十年的不改選，臺灣的國會已經老化不堪，因此蔣經國時代開始，透過修改〈動員戡亂時期臨時條款〉，自 1972 年底起，舉辦「增額」的中央民意代表選舉，雖然只占國會總額的小部分，象徵意義大，但也為臺灣的民主運動提供了一條跑道。

外交的奮鬥與挫敗

　　國民政府遷臺後，為確保中華民國的國際地位，積極展開外交工作，但受限於現實的國際環境，外交政策遂不斷調整，初期致力於鞏固外交，後以彈性外交面對日漸不利的局勢。

　　1971 年退出聯合國前的外交政策，主要是： 1.爭取友邦，謀求「確保臺灣，光復大陸」； 2.阻止他國牽引中共進入聯合國。終戰後世界體系形成由美、蘇兩大強國所領導的民主國家與共產集團對抗的局勢，臺灣被納入東亞反共防禦線。1950 年韓戰爆發，美國第七艦隊協防臺灣海峽。

1952 年臺灣與日本簽訂《中日和平條約》，恢復正常關係。1954 年《中美共同防禦條約》簽訂，在美國支持保護下，中華民國守住在聯合國的地位，面對西方國家逐漸斷交，遂積極爭取亞非新興國家的支持，因而有「先鋒計畫」派遣農技團、醫療團的出現。

　　自從中共政權成立後，「中國代表權」案就一直是聯合國每年爭議的議案，1960 年代後期，美國身陷越戰泥沼，美、蘇兩極對抗的意識亦漸改變，美國想藉「中國牌」以制俄，乃漸次放棄對中華民國的支持。

　　1971 年 10 月 25 日，聯合國大會先表決〈恢復中華人民共和國的合法權利案〉是否列為「重要問題案」（即表決須達全部三分之二），結果五十九票反對，五十五票贊成，使本案不列入「重要問題案」，換言之只要三分之一多數即可決議。中華民國代表團團長周書楷見形勢已定，乃宣布中華民國退出聯合國。接著大會表決阿爾巴尼亞所提的恢復中華人民共和國權利，結果七十六票贊成，三十五票反對，十七票棄權，三票缺席，大會將投票結果作成 2758 號決議文，決議「恢復中華人民共和國的所有權利，承認其政府的代表為中國在聯合國組織唯一的合法代表，並立即將蔣介石的代表逐出他們在聯合國與其所有附屬組織非法佔有的席位」，中國代表權由北京的中華人民共和國取代。

　　退出聯合國，使中華民國的外交發展面臨前所未有的困境，世界各國接連與北京當局建交，與中華民國斷交，連極重要的日本、美國，亦相繼於 1972 年、1978 年與中華民國斷交，見表 5–2。

表 5–2　1969 至 2012 年兩岸邦交國數量變化表

年份	中華人民共和國	中華民國	年份	中華人民共和國	中華民國
1969	49	67	1991	139	29
1970	54	66	1992	154	29
1971	69	54	1993	156	29

1972	87	39	1994	157	29
1973	88	37	1995	160	30
1974	95	31	1996	160	30
1975	103	26	1997	162	29
1976	107	26	1998	164	27
1977	110	23	1999	164	29
1978	112	21	2000	164	29
1979	115	22	2001	164	28
1980	119	23	2002	165	27
1981	119	23	2003	165	27
1982	120	23	2004	166	26
1983	124	24	2005	166	25
1984	125	25	2006	168	24
1985	127	23	2007	174	24
1986	127	23	2008	171	23
1987	127	23	2009	171	23
1988	130	22	2010	171	23
1989	132	26	2011	172	23
1990	135	28	2012	172	23

　　為因應退出聯合國及邦交國減少的衝擊，政府的外交政策轉而更有彈性，致力於發展與無邦交國家的實質關係，如在西歐的國家設有機構，推展雙方關係；盡力維持中華民國在國際組織之會籍和權利；並積極參加或舉辦各種國際會議，藉以增進各國對中華民國的了解，促進國際合作等。

◎ 文獻導讀

　　「有關蔣經國主政後革新之作法」節錄，收錄於彭懷恩，《臺灣政治變遷四十年》，臺北：自立晚報社文化出版部，1987。

　　⋯⋯

　　由於長期深入民間，接觸臺籍地方政治精英，使蔣經國深刻了解倘若國民黨政權要在臺灣生存發展，必須放棄過去二十年所採行的「中央—大陸人」與「地方—臺灣人」的兩元化甄補政策，改採「本土化」政策，加速精英整合。……

　　人才本土化政策，並不是狹義的重用臺灣籍人士，而是選拔在臺灣成長的新一代的政治精英，匯納到國民黨的領導階層，即一般稱之的「青年才俊」。……特色是五十歲以下，具備研究所以上的學歷，有專門知識或技術的學者專家。……70 年代初期，這批青年才俊的認知與情感，具體表現在《大學雜誌》之上。

　　由於 70 年代初期的外交困境，戰後新生一代的知識分子鑑於國際變局的挑戰，展開知識問政的熱潮，他們改組《大學雜誌》，將它變成評論時政的議壇，鼓吹政治改革。救國團的李煥主任幕後支持這改革性的團體，並透過管道，將其間的精英分子介紹給蔣經國，作為替換日益官僚化的國民黨之新血。……

　　在 70 年代以後的黨政高層人士，本省籍的精英人士大幅的增加，使國民黨不再是屬於大陸人的政黨，而成為精英整合的團體。1972 年 6 月，嚴家淦請辭行政院長，力薦蔣經國改組，大幅增加本省籍閣員的比例，使臺籍人士擔任重要的政治職務。

　　1975 年 4 月，先總統蔣公逝世，實際政治權力轉移到蔣經國身上，他以中國國民黨主席的地位，於國民黨的中央委員會議中，大幅度增加臺籍中央常委的比例，進一步落實本土化政策。1978 年 3 月底，蔣經國當選第六任中華民國總統，同時也選出臺籍政治精英謝東閔為副總統，顯示的政治意義引起國內外重視。

　　1984 年 2 月，蔣經國提名年輕一輩的臺籍學者李登輝競選副總統，顯示最高當局本土化的決心。

◎ 活動與討論

　　公務人員的操守及作風不但是政府有無作為的指標，更是政府清廉、社會風俗的風向球，因此世界各地的主政者無不要求公務員的形象。臺灣在蔣經國任行政院長時對公務人員提出「十誡」，2004 年時游錫堃院長亦有提出「十誡」，試從網路上找尋兩個院長的「十誡」各為何？並比較其內容，說明臺灣政治社會的變遷。

◎ 延伸閱讀

1. Jay Taylor 著，林添貴譯，《臺灣現代化的推手：蔣經國傳》，臺北：時報文化出版企業股份有限公司，2000。

2. 若林正丈著，洪金珠、許佩賢譯，《臺灣：分裂國家與民主化》，臺北：月旦出版社，1994。

3. 彭懷恩，《臺灣政治發展》，臺北：風雲論壇出版有限公司，2003，修訂一版。

4. 薛化元，《臺灣地位關係文書》，臺北：日創社文化，2007。

第六章 時代在變

反對運動的發展

第一節　民主運動的崛起

提　要

　　國民黨政府所建構的威權體制，在黨政軍特環境控制下，很難有突破的空間。反對運動者耗費了四十餘年的時間，才逐漸鬆動、瓦解，進而改變這個體制。反對運動所追求的目標包括臺灣前途、解除戒嚴、國會改造、司法獨立、人權保障等，種種反對運動中以組黨最為艱辛，但最能凝聚人民的力量。

從《自由中國》到《大學雜誌》

　　1949 年 11 月，胡適在《自由中國》創刊號標榜自由與反共，作為該雜誌的宗旨。自由主義知識分子的言論，與瀕臨政權破局的國民黨反共立場一致，因而受到當局的支持。但翌年韓戰爆發，國民黨政府受到美國的支持而轉危為安，於是對於內部的雜音並無法忍受，開始厲行內部整頓，逮捕異己。自由主義者對國民黨勢力控制黨、政、軍、教育等現象大為不滿，乃在《自由中國》撰文批評，如 1951 年的社論〈政府不可誘民入罪〉，抨擊政府的金融管

《自由中國》雜誌祝壽專號封面

制措施；1955 年一篇〈搶救教育危機〉的讀者投書，指責救國團破壞學校正常體制；1956 年蔣中正總統七十歲大壽，《自由中國》推出「祝壽專號」，由胡適、徐復觀、陶百川、雷震等知識分子，分別為文對蔣總統及國民黨提出建言。而後《自由中國》對時政的批評愈來愈激烈，針針

雷　震　　　　　　　　李萬居　　　　　　　　郭雨新

深入現實政治的問題核心，最著者如反對蔣中正總統三連任，呼籲放棄反攻大陸政策等。

　　為了貫徹民主政治理念，雷震乃結合臺灣人地方領袖高玉樹、吳三連、楊金虎、郭雨新、李萬居、余登發和民社黨、青年黨等人士，籌組「中國民主黨」，參與選舉，達到政黨政治的理想。但在組黨前夕，1960年9月4日，臺灣警備總司令部以涉嫌叛亂將雷震、傅正等逮捕，反對黨胎死腹中。

　　此次組黨運動是結合各黨派（國民黨、青年黨、民社黨）及大陸菁英、本省菁英的可貴經驗。但在國民黨一黨獨大的政治環境下，不願見到結合臺灣民意的反對黨出現，強行阻斷反對黨的成立，臺灣民主運動的發展受到嚴重的打擊，直到1970年代，以臺籍人士為主的「黨外」民主運動才又出現。

　　1970年代，隨著臺灣社會的變遷，工業化後中產階級的興起，國際外交的挫折，及統治者面臨權力轉移的關頭，政治變革的呼聲再次出現。此次社會力量的出現，可以分成兩條不同的路線：一是以戰後新生代為主的「革新保臺」路線；二是臺籍政治人物透過選舉所發展的「黨外」民主運動。

　　1970　年代初期，《大學雜誌》曾扮演批評時政角色，但並未實際參與政治運作，後遭國民黨分化而勢消。1975年《臺灣政論》繼之而起，

本刊物係以政論為主，結合民意代表、中產階級、知識分子和改革者，發表時論，要求自由人權、解除戒嚴和開放黨禁。

「黨外」運動的勃興

「黨外」一詞原是對非國民黨人士的一個泛稱，1970 年代後，「黨外」一詞大量被使用，成為無黨籍的反對運動人士所共同使用的號誌，在這個號誌下，他們經由數次的選舉而逐漸結成一股在野的政治團體。

在《臺灣政論》發行五期就被查禁後，許多參與者隨即投入 1977 年地方五項公職人員選舉，黨外不只訴之言論，更全臺串連，聯合競選。此次選舉由於競爭激烈，國民黨涉嫌賄選和作票，而引發衝突，爆發「中壢事件」。黨外人士在此次選舉中多人當選縣市首長和省議員 ❶，聲勢為之壯大，臺灣的政治版圖逐漸改變。

1978 年，增額中央民意代表選舉，「臺灣黨外人士助選團」成立，透過團隊方式巡迴全省助選，並提出徹底遵守《憲法》、解除〈戒嚴令〉等「十二大政治建設」作為黨外的共同政見，但此次選舉活動因美國與中共建交而延期。

1979 年，黨外人士聲援余登發被捕案 ❷，進而發動高雄橋頭示威活動，一連串的活動揭露國民黨的專制及對黨外的政治迫害過程，直接挑戰〈戒嚴令〉，時局非常緊張。

美麗島事件（高雄事件）

由於 1978 年中美斷交，執政者根據〈臨時條款〉的規定，動用緊急處分權，停止是年的選舉活動。黨外人士失去了選舉的舞臺，只好藉著

---

❶ 如許信良當選桃園縣長，宜蘭縣的林義雄、南投縣的張俊宏等都高票當選省議員，計此次選舉中黨外在臺灣省議員方面得二十一席，臺北市議員方面得六席。

❷ 1979 年 1 月臺灣民主運動前輩余登發父子因「涉嫌吳泰安匪諜案」被捕。

查封美麗島雜誌社高雄辦事處（中山路）

美麗島雜誌社址今已改為眼鏡行門市（本局拍攝）

舉辦餐會、演講的方式，結合民眾。翌年8月，黃信介等人發行《美麗島》雜誌，宣揚民主政治理念，更藉雜誌社之名，在多個縣市設立服務處，擴張組織架構，「美麗島雜誌社」總部儼然成為黨外的指揮中心。「沒有黨名的黨」正在運作之際，12月10日（國際人權日）國民黨即以「高雄事件」暴動之名，全面性逮捕反對運動的菁英❸。

「美麗島事件」黨外勢力幾乎被摧殘殆盡，但它對後來臺灣社會的發展產生了許多深遠的影響：

1. 黨外勢力嚴重受挫，對立勢力趁機興起，不但在輿論上對《美麗島》人士大肆攻擊，更激烈地對其人身也進行瘋狂報復，甚至發生了林義雄「滅門血案」。

2. 黨外的溫和派成為黨外運動的主流。

3. 1980年「美麗島事件」舉行軍法審判，在國內外的關注下，特殊地採取公開的審判方式，透過大眾媒體的相關報導，「美麗島事件」涉案人的政治主張得到一定程度傳播的機會，也取得了部分人民的支持。

4. 「美麗島事件」後，一批黨外新興力量應運而生，一是在軍法審判中擔任黨外人士辯護人的律師，如江鵬堅、謝長廷、陳水扁、蘇貞昌、張俊雄等；二是一些青年、學生因耳聞目睹了事件始末，傾聽了黨外人

---

❸ 如黃信介、施明德、姚嘉文、張俊宏、林義雄、林弘宣、呂秀蓮、陳菊、魏廷朝、王拓、楊青矗等。

士的政治宣傳，慢慢形成自己的政治主張和見解，成為新一代黨外勢力的中堅分子，如作家林雙不、宋澤萊等；三是所謂「美麗島家屬」，他們透過競選、著述、辦刊物等方式進行政治活動，如姚嘉文的妻子周清玉、張俊宏的妻子許榮淑等，都曾當選民意代表。

民主進步黨的成立

1980 年代，黨外人士提出解除戒嚴、中央民意代表全面改選、總統民選、組黨自由等主張，國民黨政府卻以〈戒嚴令〉只施行 3%，不影響人民生活，並以中共作亂當前，如解除戒嚴，中共會滲透，臺灣將鬆散瓦解，無力對抗；又以國內有國民黨、民社黨和青年黨，已是多黨政治，不需再成立其他政黨，且戒嚴時期得停止結社等理由，反對成立新政黨。

國民黨以排斥、抗拒的方式，阻止黨外組黨，黨外則藉由選舉活動組成「黨外選舉後援團」、「黨外中央後援會」，而後又有「黨外公職人員公共政策研討會」(公政會)等組織，成為沒有黨名的政團。1986年「公政會」在各地紛紛成立分會，醞釀組黨的呼聲越來越大，終於在 9 月 28 日

黨外後援會成立大會（1983 年 4 月 16 日）

正式成立「民主進步黨」，11 月召開第一次全國代表大會，選舉江鵬堅為第一任黨主席。民進黨的成立，象徵政黨政治的新時代即將來臨。

◎ 文獻導讀

〈社論——壽總統蔣公〉節錄，《自由中國》，15 卷 9 期。

第一是選拔繼承人才的問題。我們於此，不單單想到第三任總統之誰屬，同時還想到第四任，第五任，以至無窮。我們誠知，憲法之規定得有總統選舉的程序，當然無須另立制度。但憲法所規定者，祇是民主憲政的格架，而非為其實質。我們一直到現在，對總統候選人之選拔，

似乎誰都不知道究竟應遵照怎樣的一種方式。第一、政黨政治沒有確立；第二、今日之執政黨及其他黨派的內部民主，也都沒有確立。這樣，我們可說根本上就缺乏一個新的國家領袖得以產生的機體。……

……我們今天，可以採取兩種方式來奠定政黨政治的基礎：第一是可以由執政黨來扶持反對黨，第二是在執政黨內部來扶持反對派。但這些工作，都要在今後三年半的時間內顯出成就。尤其重要的是，黨內的民主風氣，更要能夠積極培養起來，領袖人物之產生，不憑執政當局個人之信賴，要從群眾中爬出來。今後數十百年的治亂興廢，殆將以此為決定的關鍵。民主政治難免要發生爭奪，我們總要使此種最高權力的爭奪成為一場有規則的球賽，而不要成為一場無秩序的混戰。而今天正是設定規則的時候了。

◉ 活動與討論

鄭南榕（葉菊蘭之先生）長期以來主張：「獨立是臺灣唯一的活路」、「100% 的言論自由」，試論這兩個主張目前在臺灣發展為何？

◉ 延伸閱讀

1. 公共電視，《臺灣百年人物誌——殷海光》，公共電視，2003。
2. 公共電視，《臺灣百年人物誌——雷震》，公共電視，2003。
3. 韋本等，《歷史的凝結：1977–1979 臺灣民主運動影像史》，臺北：時報文化出版企業股份有限公司，1999。
4. 陳儀深，《口述歷史，第 12 期，美麗島事件專輯》，臺北：中研院近史所，2004。
5. 雷震，《雷震家書》，臺北：遠流出版事業股份有限公司，2003。
6. 黃富三，《美麗島事件》，南投：省文獻會，2001。

第二節　臺灣人權發展及前途

提　要

　　在國民黨威權解體後的臺灣,在國家認同上面呈現兩極的對立:一是維護臺灣主權獨立的民間力量崛起;另一邊是「反臺獨」、「反本土化」的聲音。中共政權的日益威脅,再加上臺灣內部國家認同的嚴重歧異,使臺灣長期陷於內耗之中,不免使人有些悲觀。不過臺灣前途的追尋掌握在臺灣人民手上,所以臺灣的前景還是樂觀的!

不正常的人權發展

　　戰後初期,臺灣社會的活動力突然之間從日本殖民統治體制下解放出來,呈現相當大的活力,各種社會團體、組織相繼成立。陳儀接收臺灣後,雖然採取種種管制措施,但大體上臺灣社會力仍處於活躍的狀態。然而 1947 年二二八事件發生後,伴隨而來的清鄉、掃紅,壓制臺灣社會原本蓬勃發展的趨勢。1947 年 7 月,國民政府通過〈動員戡亂完成憲政實施綱要案〉,正式宣告國民政府以〈國家總動員法〉為主要依據,可以對經濟、交通工具進行管制,限制反動集會宣傳,並對於罷工等情事加以限制禁止。此舉使得仍然籠罩在二二八陰影的臺灣,進一步跨入動員戡亂體制。

　　1949 年 5 月 20 日,臺灣開始長達三十八年之久的戒嚴時期。隨後,臺灣警備總司令部進一步發布有關戒嚴時期的相關條例,防止非法行動、管理書報、非經許可不准集會結社、禁止遊行、請願、罷課、罷工、罷市、罷業等一切行為,在國民黨政府強力的控制下,臺灣社會進入了長期安定的狀態。

　　1980 年代以後，臺灣原有穩定的政治結構，在民主自由的改革衝擊下，開始發生鬆動。1986 年民主進步黨成立，黨禁被突破，在政治改革的衝擊下，社會活動空間也隨之擴大。1987 年報禁解除，翌年開始實施，臺灣的言論自由大幅度的突破，各種社會運動也方興未艾。1991 年〈動員勘亂臨時條款〉終止，臺灣在政治體制上回歸正常的憲政體制，社會有更大的活動空間。而後陸續發生「獨臺會事件」❹，促使〈懲治叛亂條例〉的廢除及〈刑法〉一百條的修正，集會結社與言論自由的尺度獲得更突破性的發展，臺灣進入一個新的時代。

臺獨的演變

　　臺灣獨立運動的歷史脈絡可分成海外運動及臺灣島內的獨立自救兩路線。海外運動的淵源最早可追溯至二二八事件後，許多人逃至國外，開始鼓吹臺灣獨立。1950 年代留美的工學博士廖文毅在東京先後成立「臺灣民主獨立黨」、「臺灣共和國臨時國民議會」及「臨時政府」。1960 年代臺獨運動隨著留學生的激增而擴展到美國、歐洲地區，「全美臺灣獨立聯盟」、「歐洲臺灣獨立聯盟」等組織相繼出現。1970 年代，分布在日本、歐美地區的部分臺獨組織聯合組成全球性的「臺灣獨立建國聯盟」(WUFI)❺，總部設在美國。

　　臺灣島內的獨立自救運動始於 1964 年，臺大教授彭明敏及學生魏廷朝、謝聰敏等發表〈臺灣人民自救宣言〉，提出「一中一臺」的主張，但旋即被逮捕判重刑。1971 年雷震在經歷十年的牢獄之災後，上書蔣中正總統，提議更改國號為「中華臺灣民主國」。1977 年臺灣基督教長老教會總會，發表一份〈人權宣言〉：「我們堅決主張：『臺灣的將來應由臺灣一千七百萬住民決定』……使臺灣成為一個新而獨立的國家。」此宣言引

---

❹　1991 年 5 月 9 日發生「獨立臺灣會」事件，政府進入校園捉人，激起社會、校園知識分子的抗議遊行。

❺　WUFI 即 World United Formosans for Independence 的縮寫。

起執政者及大中國主義人士相當大的疑慮，攻擊的文字接踵而至，但由於長老教會人多勢眾，並沒有受到進一步的政治懲罰。

1980 年代美麗島事件後，黨外的共同政見為「自決」；民進黨成立後所提出的共同政見第一條即說：「臺灣前途應由臺灣全體住民，以普遍且平等方式共同決定」，此後島內臺灣獨立的聲音逐漸出現。1989 年，鄭南榕因在雜誌刊登臺獨主張而被起訴，為此自焚而死，震驚臺灣社會；同年大陸發生「六四天安門事件」，使許多臺灣人發現中共政權的可怕，對「統一」產生憂心。此兩件事刺激了臺獨言論高升及支持者的激增。

1990 年代，公開支持臺灣獨立的言論越來越多，「臺灣教授協會」、「獨立臺灣會」、「臺灣教師聯盟」等團體陸續組成，臺灣獨立的理念逐漸為臺人所討論。

統一派的發展

自政府遷臺以來，「兩岸統一」也是許多人心中的理想，所以在政府開放與大陸交流後，一些主張與中國統一的人士在 1988 年組成了「中國統一聯盟」，以陳映真為主席，發行《統聯通訊》，聯盟主要是由夏潮聯誼會和《中華雜誌》社成員倡導組成，聯盟成員對李登輝主政下的中國政策頗有不滿，並希望扮演與中國談判統一的推動者，常奔走於臺灣和中國之間，在兩岸產生風波時，向臺灣傳遞中國方面的訊息。

另外，面對日漸高漲的臺獨聲浪，也使得國民黨內部具大中國意識型態的「反本土化」勢力大感不安，導致國民黨內部形成「主流」與「非主流」對立。1993 年由趙少康、郁慕明等人，組成了「新國民黨連線」，提出「驅逐臺獨、打倒獨裁、打倒金權、平均地權」的口號。1993 年「新國民黨連線」在國民黨召開第十四次全國代表大會前夕，宣布另外組成「新黨」，重申「反對臺獨」的立場。

◎ 文獻導讀

　　彭明敏、謝聰敏、魏廷朝合著，〈臺灣人民自救宣言〉節錄，1964 年 9 月 20 日，引自 [Hi–On] 鯨魚網站：http://www.hi–on.org.tw/Nbut/0soang-ieen/declare.htm

　　……「一個中國，一個臺灣」早已是鐵一般的事實！不論歐洲、美洲、非洲、亞洲，不論承認中共與否，這個世界已經接受了「一個中國，一個臺灣」的存在。即使在亞洲政策上陷於孤立的美國，也只有少數保守反動的政客，在炒「不承認主義」的冷飯，輿論主流，尤其是知識分子，都要求在法律上承認「一個中國，一個臺灣」，以謀中國問題的最後解決。美國的外交政策也正在往這個方向發展。為什麼美國還在口頭上把蔣政權當作唯一合法的中國政府？因為美國要藉此與中共討價還價，以達成有利的妥協。美國跟中共在華沙談了一百幾十次，美國一直強調了只要中共放棄「解放臺灣」的要求，美國對中共的門將永遠開放著。

　　蔣政權只靠美第七艦隊苟延殘喘，我們絕對不要被「反攻大陸」這一廂情願的神話矇住眼睛，走向毀滅的路上去。第七艦隊一旦撤退，蔣政權在數小時內就會崩潰。「反攻大陸」云云，只是蔣介石用來維持非法政權和壓榨我們的口實罷了。……

◎ 活動與討論

　　請到行政院大陸工作事務委員會網站 (http://www.mac.gov.tw) 查詢歷年來臺灣民眾對臺灣統一、獨立問題的民調統計 (1994–2003)，並討論臺灣前途該何去何從？

◎ 延伸閱讀

1. 柏楊口述，周碧瑟執筆，《柏楊回憶錄》，臺北：遠流出版事業股份有限公司，1996。

2. 陳佳宏，《臺灣獨立運動史》，臺北：玉山社，2006。

3. 陳銘城、施正鋒編，《臺灣獨立建國聯盟的故事》，臺北：前衛出版社，2000。

4. 彭明敏，《自由的滋味——彭明敏回憶錄》，臺北：前衛出版社，1995。

5. 薛化元等，《戰後臺灣人權史》，臺北：國家人權紀念館籌備處，2003。

6. 萬仁導演，《超級大國民》，萬仁電影，1994。

第七章　亞洲四小龍

臺灣的經濟奇蹟

第一節　臺灣經驗

提　要

　　臺灣自然資源缺乏，人口多密度高，軍事國防負擔大，外貿依存度高，外交孤立，各國的保護主義等均是經濟發展的不利因素，但在四十年間卻發展出令人注目的經濟成就，為「新興工業經濟體」(Newly Industrializing Economies, NIES)，甚至有人稱之為「經濟奇蹟」、「臺灣經驗」、「臺灣奇蹟」(Taiwan miracle)。

戰後初期的通貨膨脹

　　戰後臺灣經濟處於亟待復甦的局面，當時臺灣與遼東半島、津滬地區，列為所謂中國三大經濟先進區域，在一定程度上必須扮演支持中國大陸經濟情勢及戡亂戰爭的後勤角色。但二二八事件後，原本稍有復甦的經濟發展，受到大陸嚴重通貨膨脹的波及，也出現惡性的通貨膨脹，究其原因有三：

　　㈠日治時代伏下的肇因：二次大戰後期，臺灣銀行的銀行券發行額不斷的增加，加以戰事擴大，民生物資被徵為軍用，物資短缺，物價隨之飛漲。

　　㈡受大陸政局的影響：1946 年 5 月臺灣銀行發行舊臺幣，回收日治

光復初期的舊郵票：面值原印為 27 元，後直接「改作壹萬元」，足見當時通貨膨脹嚴重的程度。（何永湧提供）

時代發行之銀行券，然因舊臺幣與金圓券兌換的比率無法根據市場同步調整，大陸物價上揚後，大陸資金大量湧入臺灣，臺灣物資大量流入大陸，導致臺灣的物價大漲。

㈢稅收嚴重不足：戰後臺灣農村亟待重建，政府稅收不足，通貨膨脹遂日益嚴重。

穩定經濟措施

針對金融紊亂，通貨膨脹問題嚴重，由於臺灣本身經濟體質健全，再加上政府實施經濟改革，不但控制通貨膨脹，亦奠下臺灣「經濟奇蹟」的基礎。臺灣經濟能夠在短時期內復甦，究其原因有八：

㈠日人所遺留的基礎：日本在臺灣進行土地、林野調查、米糖生產、水利設施、肥料及品種改良、產銷等農業經營，及交通、金融、度量衡統一、專賣制等，及 1930 年代的工業化；基礎教育與職業教育培養相當程度的人力資源，這些基礎建設與制度，為臺灣爾後的經濟建設奠下良好的基礎。

㈡大陸撤退來臺的資金與人才：1949 年國民政府播遷來臺之際，中央銀行總裁俞鴻鈞自上海運黃金及美元來臺，上海紡織業亦將機具、資本移轉來臺，有助於穩定當時的通貨膨脹、財政困難的窘境。另外，撤退來臺的一百多萬軍民中，有不少經濟專才，如嚴家淦、尹仲容、孫運璿、李國鼎等，他們不但填補日本技術人員撤離的空缺，更制訂許多財經政策，穩定臺灣經濟發展。

㈢穩健的經濟政策及改革措施：1949 年公布〈臺灣省幣制改革方案〉與〈新臺幣發行辦法〉，以新臺幣一元兌四萬元舊臺幣回收舊臺幣。是年另制定〈愛國公債條例〉，發行愛國公債。1950 年又推動〈優利儲存款辦法〉，以月息百分之七的高利率吸收存款，以上金融措施對穩定物價產生極大的作用。另於 1949 年 7 月，成立「臺灣區生產事業管理委員會」，尹仲容為實際主持者，除負責生產事務外，還管理物資分配、資金調度、

對外貿易等工作，對生產事業的提升，頗有貢獻。

㈣土地改革：為提高農業生產量，1949 年頒布〈三七五減租條例〉，其主要內容為：1.限定耕地租額最高不得超過主要產物全年收穫總量的37.5%；2.租用耕地一律訂立書面租約，租期不得少於六年，期滿必須續訂租約，以保障佃權的相對穩定，提高農民改良土地與增加生產的興趣。1951 年又公布〈臺灣省放領公有耕地扶植自耕農民實施辦法〉，將國有及省有之耕地所有權移轉為農民所有，即所謂的「公地放領」，分五期辦理，放領面積達七萬一千甲以上。

1953 年再根據地籍資料，推行「耕者有其田」政策，其主要內容為：1.凡私有出租耕地，地主保留水田三甲，或旱田六甲，超過之土地一律由政府徵收，轉放於現耕農民受領。2.政府補償地主被徵收地之地價，其標準為徵收地主要產物全年收穫量的二‧五倍，由土地債券七成及公營事業股票三成，搭配補償。3.政府徵收的耕地，一律放領於現耕佃農或雇農，放領地價與徵收地價相同，加算年息 4%，由受領農民十年內分二十期償付。土地改革不但刺激農民致力於農業生產，更重要的是將農業資本轉移至工商業資本，提供發展工商業豐厚的資金。

㈤適度使用美援穩定金融：1950 年韓戰爆發，原本凍結的美援恢復，1951 年至 1954 年間，共獲美國金援總計近四億美元，不但使政府預算中的軍費支出減輕，政府又善用美援物資的出售，達到收縮通貨、穩定幣值的作用。此外 1954 年《中美共同防禦條約》的簽訂，1958 年《中美聯合公報》的發布等，亦有助於臺灣的穩定發展。

㈥經濟計畫的實施：自 1953 年開始實施第一期四年經濟建設計畫，主要的目的在求以最有效、最迅速的途徑，提高農工生產力，充

工廠女工也是創造臺灣經濟奇蹟的重要功臣（臺灣車樂美公司提供）

裕物資供應，增加出口減少進口，以求對內穩定經濟，對外改善國際收支狀況。其後又連續實施第二期、第三期四年經濟建設計畫，成果相當可觀。

㈦國人刻苦耐勞、克勤克儉的民族性：臺灣早期的農業社會中，除農曆新年之外，農民一年之中幾乎都無休假可言，勞工亦少有假期，此種現象充分反映國人刻苦耐勞與勤奮的民族性。克勤克儉的民族性，亦表現在儲蓄率的節節高升，1972 年即已超過 30%，高儲蓄率有利於資本的形成與累積。

㈧國際經濟的繁榮：第二次世界大戰後，在美國的領導與各主要國家的合作之下，國際經濟呈現空前未有的繁榮局面。由於美國對大多數非共產國家給予經濟援助，解決了那些國家短期貿易逆差與長期經濟發展所需的資金問題；同時，原油價格低廉而穩定，在 1973 年以前每桶原油都低於三美元。在如此有利的情勢下，整個世界經濟保持不斷成長與繁榮的局面，長達二十餘年，臺灣在此環境下亦蒙其利。

以上措施不但解決臺灣終戰以來惡性通貨膨脹的現象，亦為往後臺灣經濟的成長扮演著相當重要的角色。

「經濟奇蹟」的特徵

受到前述眾多因素的刺激，臺灣與經濟發展有關的幾項指標均是持續的成長，形成所謂「經濟奇蹟」，其經濟奇蹟的特徵為：

㈠經濟成長快速且物價相對穩定：1961 年至 1988 年的經濟成長率高達 9.3%，在亞洲四小龍中高居首位，1989 年至 1994 年的年平均成長率仍達 6.8%。相對於經濟快速成長，物價相對地穩定，1961 年至 1988 年消費物價年平均上升率為 5.6%，1989 年至 1994 年的上升率只有 3.9%。

㈡國民生產總值 (GNP) 與平均國民所得大幅增加：依據亞洲開發銀行的資料顯示，1975 年至 1993 年間，臺灣的 GNP 平均成長了 20.35%，冠於全亞洲。1952 年至 1985 年臺灣 GNP 平均年成長率為 8.6%。國民所

得在 1953 年為一百六十七美元，1993 年突破一萬美元。

　　㈢經濟結構的改變：農業占國內生產淨值的比重從 1952 年的 32.2%
持續下降，至 1965 年降為 23.6%，已低於工業產值的比重，而退居次要
的角色；到 1980 年降至 7.7%，至 1993 年更降至 3.5%，在整個經濟體系
內幾乎已是微不足道。相反的，工業及服務業的生產淨值比重則從 1952
年起逐年增加，使臺灣成為工商業並重的國家，見表 7-1。

表 7-1　臺灣各產業占國內生產淨值之比重表（單位：%）

年　別	總　計	農　業	工　業	服務業
1952	100	32.2	19.7	48.1
1955	100	29.1	23.2	47.7
1960	100	28.5	26.9	44.6
1965	100	23.6	30.2	46.2
1970	100	15.5	36.8	47.7
1975	100	12.7	39.9	47.4
1980	100	7.7	45.7	46.6
1985	100	5.8	46.3	47.9
1990	100	4.1	42.5	53.4
1991	100	3.7	42.5	53.8
1992	100	3.5	41.4	55.1
1993	100	3.5	40.6	55.9
1994	100	3.5	37.7	58.8
1995	100	3.5	36.4	60.1
1996	100	3.2	35.7	61.1
1997	100	2.6	35.3	62.1
1998	100	2.4	31.2	66.4
1999	100	2.4	29.9	67.7
2000	100	1.9	29.1	69.0
2001	100	1.9	27.6	70.5
2002	100	1.8	30.4	67.8
2003	100	1.7	31.2	67.1
2004	100	1.7	31.8	66.5
2005	100	1.7	31.3	67.0
2006	100	1.6	31.3	67.1

2007	100	1.5	31.4	67.1
2008	100	1.6	29.0	69.4
2009	100	1.7	29.0	69.3
2010	100	1.6	31.0	67.4
2011	100	1.8	29.8	68.4
2012	100	1.9	29.0	69.1

㈣對外貿易蓬勃發展：臺灣經濟屬出口導向型，進出口貿易成長快速，成為世界第十三大貿易國，又因長期出超而累積甚高的外匯存底。

◉ 文獻導讀

陳秀玲報導，〈「中美合作」、「二十二公斤重」〉，《中國時報》，1998 年 7 月 22 日。

對於三、四十歲以上的人來說，麵粉袋是一個集體的回憶，許多人若非自己穿過麵粉袋作成的內褲，就是看過父執輩曾經穿過，小小的麵粉袋見證了臺灣早期物資缺乏，人民勤儉打拼的一頁。

……

簡義雄指出，小時侯就讀老松國小時，有一回老師要身體檢查，規定大家必須把外褲脫掉，他一直很擔心外褲脫掉後，大家都會笑他穿麵粉袋作的內褲，結果等大家都脫掉外褲後，才發現原來同學也是穿印有「中美合作」、「二十二公斤重」的內褲，彼此相視大笑，而他心中的大石才豁然開朗。

……

簡義雄回憶說，用麵粉袋作內褲只是廢物利用的第一步，內褲穿破後還可改成嬰兒尿布，然後再變成抹布，到了不堪使用時，再賣給收破爛的舊貨商回收作為造紙的紙漿，把一塊布所能發揮的功能全部用盡、絲毫不浪費。他認為這種節儉的做法，絕對不是出身在富裕環境的年輕人所想像得到的。

◎ 活動與討論

　　清代劉銘傳時期、日治時代後藤新平時期及戰後初期，都曾實施過「土地改革」，試討論三個時期「土地改革」的背景、內容及成效。

◎ 延伸閱讀

1. T. B. Gold 著，艾思明譯，《臺灣奇蹟》，臺北：洞察出版社，1987。

2. 文馨瑩，《經濟奇蹟的背後——臺灣美援經驗的政經分析》，臺北：自立晚報社文化出版部，1990。

3. 公共電視，《臺灣百年人物誌——尹仲容》，公共電視，2003。

4. 王塗發，〈戰後臺灣經濟的發展〉，收錄於張炎憲等編，《臺灣史論文精選一下》，臺北：玉山社出版事業股份有限公司，1996，頁 387–414。

5. 林鐘雄，《臺灣經濟發展四十年》，臺北：自立晚報社文化出版部，1987。

6. 劉進慶著，王宏仁等譯，《臺灣戰後經濟分析》，臺北：人間出版社，1992。

第二節　經濟發展

提　要

　　臺灣是一海島型經濟國家，經濟發展過程中原料、能源、機器設備、產品都必須透過對外貿易以維持正常經濟運作，出口導向的對外貿易可說是臺灣經濟發展最重要的動力，「進口—加工製造—出口」是臺灣1960年代以來經濟發展的模式。

經濟起飛

　　1962年至1972年為臺灣經濟出口擴張時期。1960年立法院通過〈獎勵投資條例〉，除對出口商品的租稅減免外，進口機器設備亦專案低利融資，以及外銷產業各種低利貨款，對於主要的外銷產品如紡織、鋼鐵、橡膠、紙業等的成長具有正面的影響。

　　1960年代開始，臺灣工業生產淨額已超出農業，而且反應在出口上，為臺灣經濟結構上的一大改變，臺灣經濟進入起飛時期。1965年至1968年的第四期經濟建設計畫和1969年至1972年的第五期計畫，重點大致一樣，都是在於改善投資環境，改進經濟結構，提高生產技術和管理水準，同時大力發展加工出口工業，改善國際收支狀況。在不斷的努力下，臺灣經濟出現一系列重大的變化：

　　1. 經濟結構從以農業為主轉為以工業為主。

　　2. 臺灣工業以進口替代工業為主轉向以出口工業為主。

　　3. 工業內部重工業比重增加。

　　4. 工業部門發展不平衡，紡織工業、電子工業迅速發展。

經濟起飛的因素

分析促成經濟從奠基到起飛的重要因素，約可分為下列三點：

㈠政策的激勵：在政府簡化手續、放寬外匯及外貿管理、免稅等措施的激勵下，自 1966 年相繼成立高雄、楠梓、臺中等加工出口區，對於吸引投資、拓展外銷、增加就業機會等有極大的幫助。同時增加民營企業的貸款、外銷低利率貸款、獎勵出口的外匯政策、外銷退稅及工業輔導等措施，亦為帶動經濟起飛的重要因素。

㈡吸引外資：自 1960 年頒布〈獎勵投資條例〉，當時美國、日本等國的經濟復甦已有相當成就，所吸引的外資，取代了以往美援所提供的資金。直到 1980 年代為止，外資以日本最多，其次為美國。另外，華僑資本也是政府引進的重要對象。

㈢人力素質的提升：自 1950 年代以來，國民教育已逐漸普及。尤其從 1968 年開始，政府實施九年國民義務教育，提高國民素質，這批學生畢業後正逢臺灣經濟起飛時期，投入就業市場，提升了人力素質，解決人力資源上的一大瓶頸，對於產業的發展頗有貢獻。

經濟轉型

1961 年至 1980 年是一個變化多端的時代，1971 年 10 月臺灣被逐出聯合國，隨後面臨許多友好國家紛紛與我國斷交。1973 年開始第一次石油危機，一者造成國內物價的大幅波動，消費者物價上漲 10% 以上；其次是臺灣的最大輸出國──美國，由於美國市場的緊縮，導致外貿急遽惡化，進出口均出現負成長，經濟成長更創戰後以來最低的紀錄。為解決經濟發展的瓶頸，1974 年政府開始進行十大經濟建設計畫的工程。所謂「十大建設」即中山高速公路、鐵路電氣化、北迴鐵路、臺中港、蘇澳港、桃園國際機場、鋼鐵廠、高雄造船廠、石油化學工業、核能發電廠等。巨額的公共投資產生龐大的效果，適時的抵銷掉因為石油危機所

產生的經濟衰退因素。

另一項創造臺灣經濟發展
的因素即新竹科學園區的設立,
新竹科學園區自 1979 年成立,
此後一直擴充,可以說是以資訊
工業為代表的高科技產業的來
臨。在此期中,臺灣國民總生產
的年增率除了 1975 年受能源危
機的影響降為 6.7% 外,有七年
的成長率皆超過 20%,最高年增
率高達 33.9%。對外貿易方面,
1981 年僅十四億美元,1987 年
便高達一百八十六億美元。1980

造船廠

煉油廠

年中央銀行的外匯存底僅二十二億美元,1987 年已達七百六十七億美
元,1994 年達九百二十四億美元。1995 年,臺灣的外匯存底僅次於日本,
排名居世界第二位。目前臺灣的外匯存底接近四千億美元,僅次於中國、
日本及俄羅斯,排名居世界第四。

兩岸經貿關係

1980 年代之後,臺灣與中華人民共和國間的經貿關係發生極大的轉
變,兩岸結束長期軍事對峙的局勢,中華人民共和國改採「一國兩制」
等和平統戰政策;臺灣至 1987 年解除戒嚴後,亦開放兩岸交流,雙方轉
為和平對峙關係。隨著臺灣國內勞動力成本上升、臺幣升值、土地飆漲、
環保抗爭等,及對岸的投資環境均較臺灣成本為低等因素,臺灣掀起一
股「中國經貿熱」。2010 年,兩岸簽訂《兩岸經濟合作架構協議》(ECFA),
臺灣的經濟走向一個新局勢。

兩岸的經貿熱潮具有貿易成長率高、臺灣長期出超等特點,貿易商

品結構為臺灣出口至中國大陸者是以工業產品為主，大陸透過香港輸入臺灣者主要以農工原料等初級產品為主。

中國大陸為了吸引臺資精心設計一些策略，如：

㈠糖蟻政策：以優惠條件吸引臺資；

㈡以臺吸外：利用臺資刺激其他外資跟進；

㈢以臺制臺：運用到中國大陸投資設廠的臺商與臺灣本土廠商競爭國際市場，既可吸收資金、生產技術與管理經驗，也可發揮政治作用，如將臺商的投資界定為「國內投資」，由鼓勵臺商投資而實現三通與統一。

兩岸間經貿快速發展，香港已成為臺灣僅次於美國的出口貿易地區，實際是轉往中國的間接貿易，臺灣也成為中國的第四大外資來源（依序為香港、美國、日本），長期以來的「臺─日─美」經貿關係，逐漸轉變為「臺─日─中─美」等量齊觀的關係。

◎ 文獻導讀

鄭琪芳，〈扶植產業四十年稅損八千億〉，《自由時報》，2002 年 3 月 25 日。

當科技產業也吵著要到中國投資時，所謂中國生產成本低又免稅的說法，越來越引人關注；事實上，臺灣的租稅政策比中國更優惠，中國是「三免兩減半」，臺灣的〈促進產業升級條例〉則是一免就是十年。但是，企業享受了臺灣的租稅優惠後，不思回饋，卻只想把錢往中國移。

國內企業常抱怨不受政府重視、政府提供的投資獎勵優惠不夠等，並以此為西進的藉口。持平而論，國內整體投資環境的確是有不少需要積極改進的地方，但是，若僅就租稅優惠而論，政府實在是沒有「虧待」過企業界，尤其是策略性產業、新興產業及科技產業。

為獎勵民間投資，政府在民國五十年時，就已經提出〈獎勵投資條例〉，提供企業新投資創立五年免稅、增資擴展四年免稅等租稅優惠。根據財政部最新統計，自民國五十年至七十九年，歷年來獎勵投資之各類稅

捐減免額，高達五千二百七十四億元，減免的稅額中，所得稅占了 71.8%。

　　由於〈獎勵投資條例〉在民國七十九年底實施屆滿，政府因此另外訂定了〈促進產業升級條例〉，對科技業等新興重要性產業同樣提供了「新投資創立五年免稅、增資擴展五年免稅」的優惠，等於是一次免了十年的稅。其他還包括設備投資抵減、研發投資抵減及人才培訓投資抵減等。

　　財政部統計，自民國八十二年至八十九年，歷年來〈促產條例〉減免稅額高達二千三百六十三億元以上，其中所得稅占 95%。

　　因此，如果將歷年來政府因〈獎勵投資條例〉及〈促產條例〉而減免的稅額加總計算，截至八十九年底，減免的稅額已經高達七千六百三十七億餘元。財政部官員表示，如果加計九十年度減免的稅額，則歷年來政府對企業減免的稅額已經超過八千億元。

　　事實上，政府對企業界獎勵政策，非僅止於租稅優惠，還包括實際的投資行動。例如民國六十二年成立的行政院開發基金，就投資過許多企業，目前已成為世界晶圓代工龍頭的臺積電，當初成立時一度面臨籌資困難的窘境，後來因開發基金同意投資，臺積電才順利成立。時至今日，經過多次出售臺積電股票，開發基金還握有臺積電股票超過十六億股，是臺積電在國內最大的單一股東。

　　開發基金的投資策略，不僅扶植了不少國內的重要產業，該基金本身也是贏家。開發基金在民國六十二年成立時，資金僅有一百五十多億元，但截至目前為止，基金淨值已達一千多億元，市價則有二千多億元，成立以來繳庫盈餘已超過一千多億元。

　　財政部高層指出，截至目前為止，開發基金轉投資企業家數還有三十多家，投資餘額則有四百多億元，如果列入開發基金投資後再出售持股，則開發基金總投資金額約一千億元，不少企業都蒙受其益。

　　但是，政府用八千億元的減免稅額及一千億元的投資金額所扶植出來的企業，在享受完臺灣的租稅優惠及各項好處後，現今卻是一家家吵著要西進，全然不顧臺灣經濟發展，對國家安全更是漠不關心，政府還

得迫於情勢出面為西進政策背書。這套「以商逼政」戲碼再繼續搬演下去，臺灣的前途實在令人憂心。

◎ 活動與討論

臺灣與中國大陸的經貿關係日漸擴大深化，試討論「西進大陸」、「投資大陸」的利弊得失。

◎ 延伸閱讀

1. 谷蒲孝雄，《國際加工基地的形成：臺灣的工業化》，臺北：人間出版社，1992。
2. 李國鼎口述，劉素芬編著，《李國鼎：我的臺灣經驗：李國鼎談臺灣財經決策的制定與思考》，臺北：遠流出版事業股份有限公司，2005。
3. 林鐘雄，《臺灣經濟發展四十年》，臺北：自立晚報社文化出版部，1987。
4. 高承恕，《頭家娘：臺灣中小企業「頭家娘」的經濟活動與社會意義》，臺北：聯經出版事業公司，1999。
5. 蕭國和，《臺灣農業四十年》，臺北：自立晚報社文化出版部，1987。

第八章　蛻變中的臺灣

威權解體及社會文化的變遷

第一節　威權解體

提　要

2002 年臺灣被美國人權組織「自由之家」(Freedom House) 列為「完全自由國家」，臺灣的民主化成果普受世界肯定，此民主自由得來不易，是全體臺灣人的共同成就，亦是全體臺灣人民的珍貴資產。

解除戒嚴

從 1980 年代開始，臺灣社會的許多禁忌紛紛被突破，各種群眾抗議、示威、請願、自力救濟、街頭遊行的情事，層出不窮；勞工運動、環保運動、婦女運動、消費者運動、老兵要求返鄉運動等陸續展開。1986 年突破黨禁，各項民意高漲，社會上要求開放的聲音愈來愈強。主政的蔣經國有鑑於時勢所趨，開始採取開放的態度，各種禁令逐漸鬆綁，如學生舞禁、髮禁的開放，以及一貫道禁令的解除等。

1987 年 7 月 15 日，蔣經國總統宣布解除〈戒嚴令〉，但同時實施〈國家安全法〉。解除戒嚴是臺灣朝向民主化相當重要的一步。以往在實施戒嚴時代，雖然政治實際上並未徹底進行軍事的統治，人民大部分的生活領域，仍接受司法管轄，但就嚴格的法制精神而言，卻容易遭受選擇性執法的批評，特別是對政治異議人士。解嚴後，國人赴港、澳地區觀光申請的限制亦隨之解除；開放大陸探親，則採從寬原則，除軍公教人員，不分省籍、親等、年齡、黨籍，皆可由第三地區自由前往。另外，解嚴後很快的帶動了報禁、黨禁的開放以及人民集會遊行的自由，臺灣的政治結構由此產生了巨幅的變動。

在戒嚴時代，不論報紙的設立、報紙的內容或張數等等，往往受到

民主進步黨第一屆第一次臨時全國黨員
代表大會

行政機構的管制，這當然不符合民主社會的常態，因為新聞報紙原為民主社會的重要傳播媒介。1988 年，政府宣布解除報禁，開放設立報社、發行報紙的自由，並以司法的程序取代行政單位的檢查與限制，保障人民的新聞自由。

其次，政黨政治原為民主政治的常軌，但臺灣在戒嚴時代，在舊〈人民團體法〉的限制之下，政黨的組成受到限制，這當然不符合民主政治的原理。1986 年 9 月，當國民黨正醞釀解除戒嚴之際，黨外人士即冒險宣布組黨，以考驗執政當局的誠意。結果政府不但未加禁止，為了適應組黨及結社的需要，乃著手修訂〈人民團體法〉，由原來的許可制改為報備制，這才保障了人民組織政治、社會團體的自由。新的〈人民團體法〉通過後，一時政黨林立，但大多皆為泡沫政黨。現今在立法院擁有席次者，包括民主進步黨、國民黨、親民黨、臺灣團結聯盟、新黨及無黨籍人士等。

再者，人民集會遊行及請願的權利，《憲法》訂有條文保障，但在〈戒嚴令〉之下，人民行使上述權利卻受到嚴格限制。1988 年政府於解嚴後公布〈集會遊行法〉，對室外集會採用許可制，對室內集會則無需許可，同時對妨害他人集會遊行者，也訂有處罰條文。結果一時政治、社會運動此起彼落，整個社會充滿活力。少數團體的聲音也獲得表達的機會。

民主政治的深化

1988 年蔣經國總統逝世，副總統李登輝繼任，臺灣的民主政治再向

前邁進。

首先，臺灣在解除〈戒嚴令〉後，人民部分的基本權利與自由已經獲得保障。到了李登輝時代，為了進一步保障人民言論的自由，政府著手修訂〈刑法〉第一百條，刪除「言論叛亂」的條款。

政見發表會現場

其次，繼解嚴後，國會改造與解除動員戡亂體制等體制變革，已成為政治改革的重心。在國會改造方面，由於受限於〈動員戡亂臨時條款〉的規定，在未「光復中國大陸」之前，無法改選中央民意代表，仍由原來中央民意代表繼續擔任，時間一久，自然與臺灣民意脫節，因此批評者稱之為「萬年國會」。1990 年，大法官會議呼應時代潮流，作出解釋，宣布第一屆中央民意代表之任期至 1991 年 12 月底止。結果在行政及司法雙方面的運作下，萬年國會的問題終於在合乎民主政治精神的前提下獲得解決。

再者，解除戒嚴後，為恢復憲政常軌，必須從廢除〈臨時條款〉和終止動員戡亂開始。1991 年 4 月，國民大會通過《中華民國憲法增修條文》，納入部分〈臨時條款〉條文。接著李登輝總統正式宣告，自 5 月 1 日起，動員戡亂時期終止、〈臨時條款〉廢除、《中華民國憲法增修條文》生效，於是臺灣回歸憲政體制，這又令臺灣民主化向前邁進了一大步。終止動員戡亂也連帶對兩岸關係產生了結構性的變遷，因為中共政權已不再成為戡亂的對象，則表示政府不得再視中共為「叛亂團體」，而另以一政治實體對待。此種改變後來促成臺灣內政外交各方面一連串的大變革。

回復憲政運作後，大陸時期制定的《憲法》如何適用於臺灣，又為一討論焦點。基於憲政原理、政治實現等因素的考量，決定展開修憲工作。至 1997 年為止，共進行四階段的修憲。其中包括省長、直轄市市長民選、地方自治法制化、總統直選等。

　　1996 年，臺灣舉行首次總統直選，國民黨候選人李登輝、連戰當選總統、副總統，臺灣政治的民主化受到國際重視。2000 年，民進黨提名的陳水扁、呂秀蓮當選總統、副總統，結束了國民黨長期的一黨統治，也為政黨輪替、政權和平轉移踏出重要的第一步；2000 年，政黨輪替後，有許多結構性的癥結，執政者並無法立即解決，再加上世界性經濟不景氣的影響，臺灣面臨經濟困境，所幸經濟已日漸復甦。2004 年，總統大選，選舉結果由民進黨提名的陳水扁及呂秀蓮連任總統、副總統，但此次選舉迫使臺灣人民、朝野的互信基礎消失、族群傷痕加深。2008 年，國民黨提名的馬英九、蕭萬長以 59% 的得票率當選總統、副總統，實現二次政黨輪替，但如何在堅持「臺灣主體」原則下，改善兩岸關係及經濟復甦，是新政府需要謹慎處理的問題。

　　臺灣繼經濟成就之後，透過和平方式，遵循憲政體制，從威權政治體制，轉變成開放、自由的民主體制。這次變革的規模與意義，不下於一場革命，而卻能在沉靜、理性並且和平的過程中完成，所以我們稱之為「寧靜革命」。

兩岸關係演變

　　兩岸關係六十餘年來經軍事衝突、冷戰對峙、民間交流、和平互動等四個階段。1949 年至 1978 年為軍事衝突時期，一方面中華民國政府誓言「反攻大陸，消滅共匪」；另一方面中共堅持「武力解放臺灣」，其間曾發生古寧頭戰爭、八二三砲戰，1960 年代以後，兩岸軍事衝突逐漸減少，1972 年美國與中共簽訂所謂《上海公報》後，臺海情勢日趨緩和。

　　1979 年至 1987 年為冷戰對峙時期，1979 年美國與中共建交，中共隨即發表〈告臺灣同胞書〉，提出「和平統一祖國」的政治方針及兩岸三通主張；至 1984 年鄧小平確立「一國兩制」作為解決「臺灣問題」的基本模式。此時臺灣加速政治民主化、經濟自由化成果，對中國大陸提出「以三民主義統一中國」的號召，並對中共政權採取「不接觸、不談判、

為因應開放返鄉探親，政府印行　旅行社人員為返鄉探親團做行前說明。
許多參考資料。

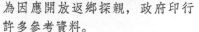

不妥協」的立場。

　　1987 年至 1991 年為民間交流時期，隨著臺灣開放民眾赴大陸探親及鄧小平的經濟改革，兩岸民間交流頻繁，但所產生的問題亦日益增加，如繼承、婚姻、犯罪、走私、偷渡等，對兩岸居民生活造成重大困擾。

　　1991 年以後，中華民國政府頒布〈國家統一綱領〉後，兩岸關係逐漸由隔絕和對立，走向交流和緩和。但兩岸政體的本質為「民主臺灣」與「共產中國」，如中共不放棄「和平兼併」和「武力犯臺」的野心，則兩岸關係的定位很難有所突破。

文獻導讀

　　姚嘉文，〈美麗島雜誌導讀〉，1999 年 8 月 15 日，引自「閱讀美麗島」專欄：http://news.yam.com/forum/formosa

　　《美麗島雜誌》發行於戒嚴令下的軍事統治時期，在那種高壓政治之環境下，文章的撰寫，雜誌的編輯，一方面必須謹慎而婉轉，一方面卻必須針對當前的問題提出批判，提出主張。

　　……

　　但不論如何謹慎婉轉，美麗島運動時期的三大主張，仍然緊握不放。這三大主張就是：解除戒嚴，國會全面改選及修改憲法。

美麗島運動時期，「國權」（主張建國之思想）逐漸流傳，《美麗島雜誌》上的文章，偶而會出現討論「國家」問題的文章，例如敘述連體嬰（第二期「生命獨立——頌連體嬰分割成功」）的小詩，很明顯是討論臺灣與中國的不同人格，應分割獨立的含意（警備總部軍法官在偵訊美麗島案件時，對此詩句甚為痛恨），我所寫的〈愛國論〉、〈叛國論〉兩篇文章，一方面在討論〈國家〉的定義，一方面在宣揚「反政府」不是叛國，愛國不一定支持不合理的政府。為了減少困擾，我的文章引用不少中國古人的文句，以示語出有據。

在戒嚴令下，人民的參政權、結社權、出版權、言論自由，項項受到限制，因此文章處處在討論這些問題，為解除戒嚴的主張布局找理由。

美麗島雜誌社有編輯委員會，討論編輯方針，又由張俊宏總編輯召開編輯工作會議，分配工作，特別指定專人寫社論。因此《美麗島雜誌》基本上是集體創作的產品。

◎ 活動與討論

從戒嚴到解嚴，臺灣的人權逐漸提升，何謂「人權」？意即「人生而自由平等，每一個人的人格與價值都是平等的。」請同學利用時間進入下列網站，了解臺灣人權發展的歷程。

1. 臺北二二八紀念館：　http://228.culture.gov.tw
2. 臺灣人權促進會：　http://www.tahr.org.tw
3. 長老教會公報社：　http://www.pctpress.com.tw/link.htm
4. 國際特赦組織臺灣分會：　http://www.transend.com.tw/%7Eaitaiwan
5. 慈林臺灣民主運動館：　http://www.chilin.org.tw

◎ 延伸閱讀

1. 李筱峰，《臺灣民主運動四十年》，臺北：自立晚報社文化出版部，1987。
2. 財團法人吳三連臺灣史料基金會，《2003 世界人權日系列活動——臺

灣人權之旅學習護照》，臺北：財團法人吳三連臺灣史料基金會，2003。

3. 薛化元等，《戰後臺灣人權史》，臺北：國家人權紀念館籌備處，2003。

4. 薛化元，《自由化民主化：臺灣通往民主憲政的道路》，臺北：日創社文化，2006。

第二節　教育發展

提　要

　　臺灣的教育發展向來是配合統治者所要塑造的「國民」來定型，荷蘭時期要臺灣住民成為上帝的子民，因此各地區的教育工作是由傳教士來負責；鄭氏王朝及清代臺灣，利用科舉制度將移墾社會的臺灣轉化成儒家教化的文治社會；日治時期殖民者為在臺灣獲取最大的經濟利益，國民素質的提升及實業教育的訓練，是教育主要的內容；戰後，初期國民黨政府為「去日本化，就中國化」及維持其統治的合法性，民族意識和正統史觀的培養，為教育的當務之急；隨著臺灣政經環境的轉變，教育的內容亦隨之調整，義務教育年限不斷延伸，高等教育量化持續擴充，是目前臺灣教育發展的趨勢。

「祖國化」教育

　　1945 年教育部全國教育善後復員會決議：臺灣教育以「祖國化」為前導。以此為原則，臺灣的教育體制與中國大陸的教育體制才連帶起來，而此一體制基本上是由國家權力掌控整個教育體制。

　　當時臺灣省教育廳提出所謂五大教育方針：闡揚三民主義、培養民族文化、適合國家和本省需要、獎勵學術研究（與民族文化相關）、教育機會均等。就其內涵而言，體現了當時黨國體制下的教育方針，而以中國國民黨的主張，作為國家教育的方針。

　　在教育體制方面，首先根據〈國民學校法〉將所有六年義務教育的學校一律改稱「國民學校」，去除其原本不平等的限制。而中學則由日制的四年制改編成三年初中、三年高中的六年兩階段中學教育。高等教育

則沿用中國大陸原有的〈大學組織法〉及〈專科學校法〉。

反共國策下的教育體制

　　1949 年中華民國政府撤退到臺灣，教育的目的更明白必須合乎推行
國策，配合動員戡亂的需要，1950 年教育部頒布〈戡亂建國教育實施綱
要〉，明示「務使全國教育設施皆以戡亂建國為中心。」而臺灣省教育廳
也於同年公布〈臺灣省非常時期教育綱領〉，使臺灣教育進入戡亂建國的
非常時期。

　　配合非常教育體制的展開，思想教育及軍事教育是 1950 年代的教育
特色，課外要求學生研讀《三民主義》、《總理遺教》、總統訓辭及救國團
所印製的小冊子。並設立安全室及校內書刊審查小組，藉行政力量限制
校園內資訊流通，以防出現異端的聲音；並期教育價值一元化，進而鞏
固威權體制。另外，規定中學以上學校實施童子軍教育、軍事訓練。

　　為反共基本國策及國家需要，「民族精神教育」及「科學教育」成為
國家教育的重點政策。早在 1953 年，教育部即整理《論語》、《孟子》等
中國文化典籍，提供中學以上學生閱讀。1967 年，蔣中正總統推動「中
華文化復興運動」，指示國民教育的課程設計應以「民族精神教育及生活
教育為中心」，國小教育應以倫理教育、生活教育為重；國中教育則著重
思想教育、人格教育、職業教育；高中教育則強調科學教育、服務教育
及管理教育；大學教育，則以科學教育掛帥，但在教育內容上則重視民
族文化的優越性。此後國家教育政策目標工具化的色彩和軍國民教育的
取向，一直影響到威權政治弱化才改變。

國民教育的發展

　　政府遷臺後國民教育的發展除了初期的國語教育普及、和三民主義
思想的積極灌輸外，有三次較重要的變化。一是 1950 年代，國民小學的
教育必須配合「反共抗俄」國策，在國語、社會兩科的課程標準中融入

國策目標。二是 1968 年，義務教育從六年延伸至九年，配合國民中學教育，採取國教延伸的精神，但本質上教育內容還是加強民族精神教育、生活教育及職業教育。三是 1995 年教科書打破統編本的格局，開始實施審定本。

另外，政府的國民教育政策基本上是先在量方面進行擴充，以求達到普遍就學的理想，再經由多次的教育改革，提升教育的品質。國民教育的就學率從戰後初期的 80％，到 1975 年已超過 99％。近年來，鑑於九年國民教育已對全民知識水準和生活品質的提升收到實效，社會對延長國民教育之需求亦日益殷切，因此，政府正著手將國民教育延長為十二年，並計畫於 2014 年正式實施。

隨著國民教育規模的擴大，其師資培育也有相當程度的發展。日治時期有臺北兩所、臺中、臺南四所師範學校，及屏東、新竹兩所分校。戰後師範學校陸續擴充到九所。而師範學校的學制由原先的修業三年改制成五年制的專科學校，至 1987 年又升格為四年制師範學院，招收高中畢業生入學。目前國民教育的師資培育除傳統的師範體系外，又開放給一般大學院校培育，師資的養成更為多元化。

中等教育的發展

戰後臺灣的中等學校學制首先與中國大陸的學制齊一，中學修業六年（初級三年、高級三年），同時將原有的州廳立中學一律改為省立。從 1955 年開始，政府便有意由省辦高中、縣市辦初中的原則，來推動中等學校的教育，也某種程度鼓勵私人興學。1968 年九年國民義務教育實施，省中的初中部全部停辦，省立中學一律改制為高級中學，而縣市立中學的高中部亦完全取消。近年來，為配合「精省」作業，各省立中學因此全部改為國立中學；並為舒緩升學壓力及學校轉型，綜合高中、完全中學、縣立中學紛紛成立，中等教育的量如同國民教育一般不斷地擴充。

九年國民義務教育的實施，是臺灣近代教育發展最重要的一環。一

方面政府同時加強對教科書內容的控制，以及對於私人興學採取更加緊縮的態度，私立的中、小學在此後近三十年的時間幾乎沒有新設立的空間，國家在國民教育體系下的掌控力更為加強。

　　為配合經濟建設之需，政府大力推展職業教育，高級職業學校快速增加，近年來受到高等教育大量擴充的影響，高級職業學校發展漸緩。職業教育的發展初期以農業為主，1960 年代，轉而以商業學校學生數占多數，1970 年代中期，工業教育的學生人數躍居第一位，顯示職業教育配合經濟發展，穩定地培育基層技術人才，對臺灣的經濟發展功不可沒。

高等教育的發展

　　戰後接收原日治時期的高等教育學校只有臺北帝國大學（今臺灣大學）、臺北經濟學校（省立臺北專科學校，今併入臺大法學院）、臺中農林專門學校（今中興大學）、臺南工業專業學校（今成功大學）等四校；後陸續設立臺北省立師範學院（今臺灣師範大學）、臺北工專等。1950 年代開始有私辦大專院校，再

今日臺灣大學的前身即是臺北帝國大學（本局拍攝）

加上原在中國大陸的大專院校在臺復校，臺灣的高等教育的量有迅速增加的趨勢，至 2003 年底大專院校已多達一百六十餘所。

　　臺灣高等教育的發展在政府主控之下，「重量不重質」、「重理工，輕人文」、「重研究，輕教學」的現象日趨嚴重，是將來高等教育發展及國家競爭力的一大隱憂。

社會教育的推廣

　　政府遷臺之初，社會教育注重「文化復興及社會改造工作，以增強

反攻力量，奠定復國建國基礎為目的。」後時移勢易，現在的社會教育以實施全民教育及終身教育為宗旨。社會教育的機構包括圖書館、博物館、科學館、社會教育館、各縣市文化中心等。

全民教育及終身教育主要藉由補習教育來進行，補習教育有國民補習教育、進修補習教育、短期補習教育三類。國民補習教育主要是針對早期失學者，施以小學及中學程度的補習教育。進修補習教育旨在補充應用知識，提高受教者學業程度，包括各大專院校的專科進修、空中大學❶等都是進修補習教育的場所。短期補習教育旨在傳授實用技藝，增進生產能力，以促進社會之繁榮與進步。

教育改革

近十年教育政策的首要目標是教育改革，1994 年行政院教育改革審議委員會，提出《教育改革總諮議報告書》，揭櫫教育改革的方針。教育改革的目標在於結合國家資源和全民力量，透過對當前教育問題的省思，及前瞻新世紀發展之趨勢，建構現代化教育體制。期使多元化的制度、人本化的環境、科技化的設施、生活化的課程、專業化的師資，提升學校教育水準；並連結正規教育、非正規教育與非正式教育，形成全民終身學習的社會。教育改革的具體作為包括：教育鬆綁、發展適性適才的教育、暢通升學管道、提升教學品質及建立終身學習社會等。教育改革的目標及方向是正確的，但受到傳統觀念及實施方式等因素的影響，目前教育改革在落實上產生許多問題，必須有賴國人共同關心，一起來解決，才能提供下一代更前瞻的教育環境。

◎ 文獻導讀

先總統蔣公手令：〈對國民教育九年制開始實施及國民中學開學典禮

❶ 空中大學設立於 1986 年，旨在提供國民高等教育進修之機會，及推廣社會教育，並提倡全民終身教育以提升全民文化水準。

訓詞〉節錄，1968 年 9 月。

國民中學的校長、師生、和家長們：

　　今天我們民族復興基地，所有國民中學，同時舉行國民教育九年制始業的開學典禮，這是我國教育史上對於現代國民知識體能與公德修養，更進一步劃時代的嶄新的一頁。

　　政府在此反共救國期間，不計財政困難，乃毅然決然將國民教育自六年制延長為九年制，並決定從五十七學年度起貫徹實施者，就是鑑於教育為培植現代國民、建立現代國家的根本要圖。而此一國民教育之延長，不徒為國民教育水準的提高，實亦為整個教育革新的開端，特別是為復興中華文化的起步。一年以來，由於政府同仁的努力，社會人士的熱心支持，終於使此一準備工作，在很短時間以內如期完成，尤其是各國民中學，今天皆能同時開學，中正實感到最大的欣慰！……

　　……九年制的國民教育，亦非徒為教育時間的延長，就學機會的普及與均等，更重要的是，乃為國民教育內容的充實與本質的改進，換言之，我們不只要求提高知識，以發展國民固有的潛能；而是要提高公德，以造成現代國民的品格；故其先者，乃在求公德的實踐，知能的發揮，群己的辨別。因此，國民中學特應以生活體能，倫理道德、民族傳統精神教育為主，而益之以科學基本教育，職業技藝教育，社會中心教育。……

　　……今天，我們的青少年子弟，在復興基地承接復興民族、發揚文化的責任，就不但能夠接受正規的、現代的教育，而且一切教育設施，都要在不斷的革新進步之中成長起來，這就是我們三民主義教育和共產毒化教育，光明與黑暗的對比！是復興基地少年子弟自由幸福、和大陸匪區少年子弟悲慘恐怖的對比！而我們學校、家庭、社會的師長父兄，不僅是對自己學生子弟，有責任貫徹三民主義教育的宗旨，更有責任要使大陸的青少年子弟，同歸於三民主義旗幟之下，同樣享有此倫理、民主、科學、教育的自由幸福。……

◎ 活動與討論

　　試從先總統蔣公手令:〈對國民教育九年制開始實施及國民中學開學典禮訓詞〉中找看看 1968 年實施九年國民義務教育的目的為何?

◎ 延伸閱讀

1.羊憶蓉,《教育與國家發展: 臺灣經驗》,臺北: 桂冠圖書股份有限公司, 1994。

2.林玉体,《臺灣教育史》,臺北: 文景書局有限公司, 2003。

3.陳進金訪談、記錄,《劉先雲先生訪談紀錄》,新店: 國史館, 1995。

4.黃武雄,《臺灣教育的重建: 面對當前教育的結構性問題》,臺北: 遠流出版事業股份有限公司, 1997。

5.臺灣研究基金會,《臺灣的教育改革》,臺北: 前衛出版社, 1994。

6.林莉菁,《我的青春、我的 FORMOSA》,臺北,無限出版, 2012。

第三節　社會變遷

提　要

　　戰後臺灣社會的發展雖大部分皆處於非常體制之下，由政府強力的主控，但仍然產生相當大的社會變動，此變動不但反映在人口變遷上，隨著工業化、都市化而產生的社會問題、社會運動接踵而至，各種社會安全制度亦陸續建立。

人口結構及變遷

　　日治中期因臺灣的醫療衛生改善，死亡率下降而人口開始大幅成長，1945 年政府接收臺灣前後，臺灣人口約有六百萬人。1949 年前後，隨著中央政府撤退來臺的軍民同胞約有一百餘萬人，臺灣的人口結構產生新的轉變，這些人成為閩南、客家、原住民三大族群之外的一大族群。

　　戰後隨著公共衛生條件的改進，死亡率降低，臺灣的人口增加迅速，1958 年已突破一千萬，1972 年突破一千五百萬，1989 年更超過兩千萬人口。

　　面對臺灣高密度人口所產生的壓力，由於在孫中山遺教中強調人口不足是中華民族生存的壓力，使得人口節育政策始終不敢正面提出，直至 1959 年蔣夢麟認為臺灣必須面對人口壓力問題，此一問題才被重視，行政院因而在 1968 年通過〈人口政策綱領〉，推動以節育為重要內涵的人口政策。受節育政策、工業化及生育態度的轉變等因素影響，使得臺灣近年來的人口成長呈現負成長的現象，其所引發的社會問題，如人口老化、少子化的教育問題等，是目前臺灣人口發展值得注意的現象。

都市化

　　1960 年代，隨著臺灣經濟的轉型，原本進口替代的工業已有初步成果,配合政府改行出口擴張政策,以獎勵投資等方式,吸引外資及本地資本的投資,創造大量工業部門的就業機會,使農業部門的人口有外流轉往工業部門的現象。以中小企業為中心的工業化,起初設在農村、小鄉鎮為多,但仍有相當多的工業設在大城市及其鄰近地區,加上加工出口區,吸引了來自農村的勞動力、人口往工業都市移動,而工業都市的興起連帶也促成都市化的發展。

　　1960 年代中期開始出現人口從農村移往都市的趨勢,由於都市所提供的機會及報酬均較農村為高,因此可吸引大量的農村人口移入。1970 年代的都市化現象明顯集中在臺北、臺中、高雄三個都會區,隨著此三個都會區逐漸呈現飽和狀態,都市化的現象逐步擴充到臨近的聚落。1980 年代臺灣前十大都市依序是:臺北、高雄、臺中、臺南、板橋、基隆、三重、中和、嘉義、新竹,其中板橋、三重、中和等都市是臺北都會區飽和後所衍生出來的都市,新竹的快速發展則與科學園區的設立有密切的關係。

人口老化問題是目前臺灣人口發展值得注意的現象。

都市停車位難求

都市中高樓大廈林立

社會問題

隨著人口成長、工業化及都市化的發展，臺灣傳統農村社會的特性面臨相當大的衝擊，在社會結構轉型的過程中，個人與社會均因此產生相當程度的蛻變及衍生出許多新的社會問題。

新的社會問題依社會學家的分類大致可劃分成三類：一是「個人性」的社會問題，諸如犯罪、色情、娼妓、自殺、心理精神疾病、藥物濫用等問題。二是「社會性」的社會問題，包括人口、貧窮、農村、都市發展、消費者權益、環境污染與保護、原住民問題等。三是「制度性」的社會問題，諸如家庭與婚姻、老人、教育、宗教、勞工、就業等都是。各項社會問題相繼出現及持續惡化，以臺灣傳統社會而言，家庭的變化最劇，所產生的問題亦最值得重視。另外，日益擴大的貧富差距，讓臺灣產生「一個臺灣，兩個世界」的景象，值得政府重視，在追求經濟成長的同時，更應重視社會公平。

家庭的變化及問題

就以家庭組織而言，原本農村三代同堂、親友共居的大家庭轉變成由父母和小孩組成的小家庭為主。由於家庭組成的轉變，傳統社會本來由家庭負擔的幼兒托育及老人安養，已無法再由家庭所吸納，出現結構轉變後的新問題。小家庭是工業化社會最普遍的家庭形式，在都會地區，因工作關係及社會風氣，逐漸出現兄弟姐妹合住、未婚同居、獨居以及極少數同性戀者家庭，可稱為單代家庭。隨著工商業社會離婚率的增加，單親家庭有愈來愈多的趨勢。

小家庭的人口減少也是家庭制度中的一大特色，1970 年代以後結婚的夫婦，逐漸採取優生主義，小孩生育數減少，再加上工作因素導致家庭教育難以兼顧，衣食無慮而管教不足，長久累積，造成社會愈來愈嚴重的青少年犯罪問題及社會適應不良問題。

新移民與新臺灣人

　　隨著臺灣農村經濟的式微及男女人口比例的不平衡，農村及低收入男子擇偶困難，轉而向東南亞及大陸等經濟落後地區尋求結婚對象。外籍配偶的出現，使傳統臺灣社會面臨很大的衝擊：一是新移民必須克服語言、文化的適應，設法融入臺灣社會，成為臺灣的新住民。二是新移民往往處於人權上、經濟上的弱勢，權力關係極不平等，再加上婚姻缺乏感情基礎，互信不足，受虐待、被騙婚之事時有所聞。三是藉由外籍婚姻所生下的第二代，即所謂「新臺灣人」，2000 年以後所出生人數已占新出生嬰兒比例的十分之一，且持續在增加中。新移民與新臺灣人是臺灣社會的資產，學習多元文化觀念，進而相互了解與相互接納，或許是二十一世紀臺灣的希望所在。

社會運動

　　由於臺灣社會變遷相當快速，致使臺灣社會愈趨複雜，社會問題層出不窮，加上解嚴後政治體制規範鬆動，民間力量大為興盛，社會運動乃應運而生。日治時期的社會運動主要以文化啟蒙、農工運動為主；解嚴後的社會運動包羅萬象，勞工、婦女、學生、原住民、農民、反核、人權運動、弱勢團體等之請願遊行、抗議示威時有所聞。這些社會運動所涉及的領域相當廣泛，且參與的成員也逐漸多元化。他們藉由多樣抗爭方式來要求改革或維護自身權益,確實也使臺灣社會的發展更為向前。

　　近年來臺灣的社會運動，以新起的環保運動及消費者運動最受矚目。由於國民黨政府在臺灣過於注重經濟發展，但卻忽略經濟發展中所造成的嚴重的環境污染問題，隨著環境的日益惡化及人民環保意識的高漲，環保運動日漸興盛，其中以抗議水污染、空氣污染、噪音污染為最多；另因擔心核能外洩對人民及環境造成嚴重傷害，反核運動日趨激烈。

　　再者，由於政府長期獎勵工商業發展，而忽略或犧牲多數消費者的

利益，引起消費者的不滿，從 1980 年代開始，就不斷有消費者受害的事件與糾紛發生，消費者的權益問題日漸成為大家關心的課題。在各界的關注下，民營性質的「消費者文教基金會」成立及〈消費者保護法〉的修訂，對消費者權益的保護有更進一步的保障。

社會安全制度

　　1950 年臺灣已開始實行勞工保險，但是囿於制度設計，保障的層面並不普及，且多欠缺法律保障。1958 年，立法院先後通過〈公務人員保險法〉及〈勞工保險條例〉，為社會安全制度建立新的里程碑，修正了過去社會安全制度多偏重於軍公教範疇的格局。1984 年，政府更通過〈勞動基準法〉，使保障更擴大至三百多萬的勞工，繼而老農津貼陸續開辦，1995 年全民健康保險實施，失業保險及國民年金亦陸續開辦中，社會安全制度將更完善。

📖 文獻導讀

　　李筱峰，〈時代心聲：戰後二十年的臺灣歌謠與臺灣的政治和社會〉，1997，世新大學「臺灣的文學與歷史」學術會議論文。

　　從 1950 年代到 60 年代，臺灣逐漸由農業社會邁向工商社會。急速的工業化，吸引了鄉村的勞力集中到都市，甚至鄉村的少女也蜂擁而至。60 年代初期，臺灣社會流行一首叫做〈孤女的願望〉的歌曲，描寫一位失去雙親的少女，從鄉村到臺北的工廠應徵工作的心情。歌詞中說到：

　　「阮想欲來去都市做著女工度日子，也通來安慰自己心內的稀微」「人在講對面彼間工廠是不是貼告示欲用人，阮想欲來去」「請借問門頭的辦公阿伯仔，人在講這間工廠有欲採用人……假使少錢也要忍耐三冬五冬」。

　　這些歌詞相當寫實，也為女工的辛酸，留下歷史的見證。……

　　這些湧向都市討生活的鄉間勞力，來到都市之後，由於當時城鄉之間的交通、電訊尚未發達，與家鄉之間的距離感仍大，對家鄉的懷念也就較深，因此，懷念故鄉、思念家人（特別是母親）的歌曲，在60年代頗能引起共鳴，〈媽媽請您也保重〉、〈黃昏的故鄉〉正是流行於此時的重要歌曲。

　　……

　　除了鄉村的勞力湧向都市之外，也出現「客廳即工廠」的景象。許多開在社區裡的小工廠，接下外國訂單，卻又人手不足，於是將一些加工性質的工作發包給附近的家庭主婦，讓她們將工作帶回自己家中做，既不需要廠房，又比較省工資。所以60年代的臺灣社會，許多市鎮出現著「客廳兼工廠」的景觀，婦女們帶著小孩在自家的大廳裡做著工廠委託的按件計酬的加工。那個時代，變成全島皆工廠，到處是工人的現象。那是一個臺灣人「愛拼才會贏」的感人時代。

◎ 活動與討論

　　就本節內容「社會問題」中三種層次：個人性、社會性及制度性的社會問題，討論如何因應及解決。

◎ 延伸閱讀

1. 李喬，《臺灣人的醜陋面》，臺北：前衛出版社，1988。
2. 陶百川，《社會重建》，臺北：時報文化出版企業股份有限公司，1991。
3. 黃俊傑，《戰後臺灣的轉型及展望》，臺北：正中書局股份有限公司，1995。
4. 蔡宏進，《臺灣社會的發展問題》，臺北：漢新出版社，1983。
5. 蕭新煌，《社會力——臺灣向前看》，臺北：自立晚報社文化出版部，1989。
6. 戴寶村，〈光復後臺灣的都市化〉，《歷史月刊》，15期，1989年4月。

第四節 文化演變

提 要

戰後臺灣的文化發展大體上是由三股潮流所匯整而成。首先，是日治時期臺灣文化原本發展的結果；再者，是來自中國大陸由官方或者是民間帶來的文化傳承；最後，是戰後西方文化的衝擊下，西方相關文化理論及其內容的引進。在這三種文化相互衝擊下，臺灣的文化面相較於過去更多元、更多采多姿。

文學發展

文學是文化的重要表徵，戰後臺灣文學發展大概可以分成四個階段，一是反共文學時期，二是現代文學時期，三是鄉土文學時期，四是多元並存文學時期。

1950 年代在反共抗俄的號召下，文壇上一片戰鬥氣息，此一時期的文學作品洋溢著憂國之情、懷鄉之思，許多軍中作家紛紛湧現，如陳紀瀅的《荻村傳》、王藍的《藍與黑》等。他們原本是愛好文藝的知識青年，隨政府從軍來臺，將慘痛的生活經驗、流亡歷程，嘗試著訴諸文字，作品表現了意志昂揚，雄豪奔放的氣勢，富有民族意識與戰鬥精神。

1960 年代是標榜現代文學，主張「向近代西方的文學作品、藝術潮流和批評思想借鑑」，追求文學的藝術形式和風格，以創辦《現代文學》的白先勇、王文興、歐陽子、陳若曦、李歐梵等人為代表。

1970 年代是以鄉土文學為代表，在 1960 年代中

白先勇（陳達鎮攝）

期，臺灣就出現了兩種以本土性文學為號召的刊物：一是吳濁流創辦的《臺灣文藝》，紮根於臺灣本土的歷史、文化、社會風貌，主張文學反映人生，著眼鄉土色彩。二是陳千武、趙天儀等創辦的《笠詩刊》，以質樸的形式歌詠立足的土地與人民的理想，默默耕耘。此外，由尉天驄所主編的《文學季刊》則批判1960年代現代文學脫離現實，並刊載了許多高水準的本土化文學作品。1970年代雖爆發了鄉土文學論戰，但基本上，創作主流方向的重點在本土化環境與條件的掌握，作品內容題材以反映臺灣的現實脈動為主，語言技巧由絢爛炫奇歸於樸質的趨向。本時期的代表大多是臺籍的本土作家，如黃春明、楊青矗、王拓、洪醒夫、李昂、宋澤萊等。

1980年代迄今文學呈現多元並存的現象，隨著經濟的富裕，政治開放，生活型態與思考模式都迥異於過去，再加上傳播資訊的發達，使整個社會脈動日趨多元化，文壇上自然多采多姿。在主題內涵與體裁形式上呈現新風貌，政治小說、女性文學、都市文學、環保文學、行旅文學、雜文等題材紛紛出現，非常熱鬧。

鄉土文學論戰

1970年代鄉土文學興盛的原因主要受到三個因素的影響：

1. 隨著工業的發展，臺灣農村人口外移，使得臺灣農業的處境面對前所未有的困境。

2. 人口移往都市後，在整個工業生產體制下，各種新的都市問題、工業問題隨之產生。

3. 部分的西方文學理論引進臺灣後，其文學的內容往往有失根的現象，與人民的現實生活體驗嚴重脫節，因而有所謂鄉土文學的發展。

鄉土文學的發展，也引起相當程度的反彈，此一反彈的原因來自於三個不同的考量。首先，「鄉土」所指為何？它所隱含作品描寫的範圍是否僅限於臺灣？其次是鄉土文學的發展著重寫實，與1930年代小說的特

色或是所謂的「工農兵」文學可能有部分的類似，一方面引起反共者的恐慌，另一方面也有部分的學者對於鄉土文學的發展反西化感到憂慮，擔心會造成傳統文化的復辟。

1976 年，官方開始圍剿鄉土文學；1977 年，不僅圍剿加劇，甚至明白對鄉土文學與中國 1930 年代左翼文學之間的關係提出質疑。不過就在此時，鄉土文學論者之中本來就隱含著鄉土定義以及認同的衝突問題，終於在 1977 年，葉石濤提出〈臺灣鄉土文學史導論〉之後，不同立場的作家也出現一定程度的冷戰。

美術發展

日治時期近代美術傳入臺灣，臺灣的美術創作對景物的寫生有實證精神，也開始注意到家鄉的天空與大地。1927 年成立的「臺灣美術展覽會」提供了本土畫家琢磨、進取的機會，一些著名本土畫家如陳進、廖繼春、顏水龍、李梅樹、楊三郎等人，其作品常出現於會場中。1935 年創辦的「臺陽美術協會展」，促使日治時期臺灣的美術發展達到空前的成就。

1949 年一批美術工作者隨政府遷居來臺，與本土美術家因政治性的文化認同問題，曾發生「東洋畫是否為國畫」之論爭，造成本土畫家代

陳進·《合奏》(1934，絹本膠彩，177×200cm)：膠彩畫是使用天然礦物為媒材，以膠敷彩施繪於紙本、絹布等上。其畫法根源於中國「工筆重彩」，於唐代隨密宗東傳至日本，幾經演變後稱之為「日本畫」，日治時期傳入臺灣，臺灣畫家更融入西方繪畫觀念，並以臺灣風土民情為描畫主軸，陳進此類畫法中的佼佼者。戰後膠彩畫與來自中國大陸的傳統水墨畫家，曾產生一段微妙的「正統國畫」之爭。

表的「臺陽美術協會」被孤立，臺籍畫家一時噤若寒蟬，之後的美術發展由 1949 年後來臺的新生代美術家取得主導權。

1960 年代美術創作深受美國影響，青年畫家開始嘗試現代派的創作，但在缺乏美術市場下，無疾而終。1970 年代以後，新生代畫家開始產生自覺，臺灣美術乃掀起一場鄉土運動，鄉土的寫實繪畫大為流行，一些美術雜誌如《雄獅美術》、《藝術家》等，也開始強調臺灣美術的主體性。近年來，抽象、前衛、多元的畫風，是目前臺灣美術的主要風格。

音樂特色

戰後臺灣的音樂發展，各族群間有不同的音樂形式。原住民的音樂主要表現在歌謠的傳唱方面，歌謠是靠口耳相傳保存下來，內容與民族生活息息相關。從原住民的歌唱活動中可以體會到他們強烈而純樸的生命力，歌唱活動包括歌舞及樂器的使用，樂器的使用以泰雅族的口簧琴、布農族的弓琴、排灣族及魯凱族的笛為著。

漢族傳統的音樂以民間歌謠為特色，民間歌謠又可分閩南語歌謠及客家歌謠兩系統。閩南語歌謠因地域的不同而各有特色，如中南部的歌謠相當通俗化，受外來音樂影響深，缺乏純樸的風味，這類歌謠較著者如〈天黑黑〉、〈桃花過渡〉、〈六月茉莉〉等。恆春地區的「恆春調」就相當特別，如〈思想起〉猶傳唱至今。

客家歌謠分成南北兩系統：北部以桃園、新竹、苗栗為主要地區，通常以「山歌」、「採茶歌」等名稱作為客家民歌的總稱，大多屬於小調風格，因位於北部地區，較易與外來文化接觸，受現代歌曲影響較深；南部地區以屏東、高雄為主要地域，其歌謠表現以傳統客家山歌形式為主。

除原住民音樂和傳統漢人音樂外，臺灣社會因經濟活動及對外接觸頻繁，「時代音樂」及「外來音樂」在戰後成為臺灣音樂發展的主流。所謂「時代音樂」係指能反映當代精神的創作音樂，通常被區分為藝術音樂及流行音樂。「外來音樂」則泛指由他國傳入的各種音樂，流傳在臺灣

《悲情城市》劇照：1989 年
侯孝賢以《悲情城市》一片
拿下威尼斯影展金獅獎，
這是臺灣電影首次在國際
四大影展中奪魁。（年代網
際提供）

的外來音樂有兩種不同格調的形式，一是以歐洲古典音樂為主，二是美
日通俗音樂。

電影發展

　　臺灣電影有其獨特的風格，始自 1960 年代的健康寫實主義，與當時
流行的黃梅調電影、愛情文藝片、武俠功夫片等相抗衡。黃梅調電影最
有名的是《梁山伯與祝英臺》，風靡臺灣。健康寫實電影的代表導演是李
行，代表作品如《蚵女》、《養鴨人家》、《汪洋中的一條船》、《早安臺北》
等。1970 年代的電影內容以武俠、愛情文藝、軍教三主題為主，代表作
品如胡金銓的《俠女》，白景瑞的「三廳電影」等❷。1980 年代開始，
臺灣的新電影風格出現，「新電影」運動是臺灣電影第一次有意識地建立
嚴肅的電影文化，並自覺性的從事藝術創作，代表性的第一部作品是楊
德昌、柯一正、張毅等人共同導演的《光陰的故事》，敘述臺灣 1960 年
代到 1980 年代的社會、生活與歷史歷程。之後，陳坤厚、侯孝賢、楊德
昌、萬仁、蔡明亮、李安等導演的作品，均受到國內外主流影壇很高的

❷　白景瑞的愛情文藝電影通常取材自瓊瑤式的愛情小說，故事只發生在客廳、舞
　　廳、咖啡廳，故稱「三廳電影」。

評價。

　　1980 年代以後，受到香港電影崛起、DVD 和有線電視等因素的影響，臺灣電影受到很大的衝擊。二十一世紀後，受網路行銷及國片《海角七號》、《艋舺》、《賽德克・巴萊》等電影大受歡迎，國片似乎又看到一些曙光。

◎ 文獻導讀

　　梁新華，〈嘈嘈的大眾休閒，謬謬的少數〉，《時報周刊》，255 期。

　　80 年代的臺灣，當傳統的社會政治運動（中產階級政治改革運動、勞工運動、農民運動）以及新社會運動（環保、反核、學生、婦女、住屋……等）依循經濟發展的軌跡，開始不斷反擊舊有的生產、權力關係和官僚體制，民間社會自主化、自由化的力量和呼聲日漸增強的同時，在文化領域，一方面我們也見到了一些反商品化、反大眾化、反霸權體制支配的抗爭（如反雛妓、反色情污染、反對選美、綠色小組……等），以及具有獨特社會意義的文化實踐（如小劇場、新電影），但另一方面，我們更是經歷了在資本主義商品化日漸深化、擴張之下悄悄的進行一場消費形態的革命，一種從價值觀念到生活方式，從個人身體到演秀奇觀的革命性轉變。

　　推動、支撐這場革命的特質基礎，是從 70 年代後期延續到 80 年代，穩定小幅度的經濟成長，以及都市服務業的快速擴張。臺灣主要都會地區逐步從 70 年代初期的大眾消費階段（以添購耐久性家電用品為主），過渡到講究個人生活品味差異，休閒生活空間的擴大。「休閒」兩個字代表了 80 年代一種新的生活方式，新的生活感受。一波又一波興起的茶藝館、漢堡速食店、寬敞舒適的日式、西式餐廳、卡拉 OK、MTV、地下舞廳、電動遊樂場……成為現代人紓解壓力、排遣生活枯燥、乃至獲取短暫成就刺激的生活空間，一種似乎能夠滿足個人自由化、自主化的時代要求的嶄新生活空間於是布滿了都市的街頭。

同樣地，在這種講究生活品味的精緻感和絕對娛樂效果的潮流下，將好萊塢型電影以企業經營手法重新加以精美商業包裝、行銷的香港新浪潮電影，輕易地占有臺灣大半的電影市場。將瓊瑤小說如假包換加以精美包裝的「小說族」，則攻占了通俗小說的文化市場。更多的風尚雜誌淹沒了南方、人間、文星。在電玩之外，漫畫成為青年世代解脫課業壓力的「迷幻藥」。

◎ 活動與討論

請就表 8-1 所列的文化相關展演館廳，選擇最近的一處參訪及找出其特色，在班上與師生分享之。

表 8-1 臺灣各地地方文化館基本資料一覽表

縣市別	館舍名稱	地 址	電 話
臺北市	國立臺灣博物館	臺北市襄陽路 2 號	(02)2382-2699
臺北市	臺北市立美術館	臺北市中山北路三段 181 號	(02)2595-7656
臺北市	國立臺灣工藝研究所臺北工藝設計中心	臺北市南海路 20 號 10 樓	(02)2356-3880
臺北市	實踐大學實踐服飾博物館	臺北市大直街 62 巷 3 號	(02)2502-8151#324
臺北市	紅樓劇場	臺北市成都路 10 號	(02)2311-9380
臺北市	臺北當代藝術館	臺北市長安西路 39 號	(02)2552-3720
臺北市	國家電影資料館	臺北市青島東路 7 號 4 樓	(02)2392-4243
臺北市	鴻禧美術館	臺北市仁愛路二段 63 號 B1	(02)3569-5757
臺北市	李石樵美術館	臺北市忠孝東路四段 218-7 號 3 樓	(02)2741-5638#9
臺北市	楊英風美術館	臺北市重慶南路二段 31 號	(02)2396-1966
臺北市	光點臺北電影主題館	臺北市中山北路二段 18 號	(02)2511-7786#610
臺北市	樹火紀念紙博物館	臺北市長安東路二段 68 號	(02)2507-5539#14
臺北市	市長官邸藝文中心	臺北市徐州路 26 號	(02)2396-9398
臺北市	臺北愛樂暨梅哲音樂文化館	臺北市濟南路一段 7 號 B1	(02)2397-0979
臺北市	鳳甲美術館	臺北市大業路 260 號 5 樓	(02)2894-2272
新北市	朱銘美術館	新北市金山區西勢湖 2 號	(02)2498-9942

新北市	李梅樹紀念館	新北市三峽區中華路 43 巷 10 號	(02)2673-2333
新北市	李天祿布袋戲文物館	新北市三芝區芝柏山莊芝柏路 24、26 號	(02)2636-7330
新北市	楊三郎美術館	新北市永和區博愛街 7 號	(02)2921-2960
新北市	新北市立鶯歌陶瓷博物館	新北市鶯歌區文化路 200 號	(02)2867-7272
新北市	小西園戲偶展示館	新北市新莊區新莊路 489 號	(02)2203-7916
新北市	輔仁大學織品服飾教學博物館	新北市新莊區中正路 510 號	(02)8787-8930
新竹縣	橫山民俗文物館暨劉欽興漫畫館	新竹縣竹北市縣政九路 146 號	(03)551-0201#221
新竹市	新竹市立玻璃工藝博物館	新竹市東大路一段 2 號	(03)562-6091
新竹市	影像博物館	新竹市中正路 65 號	(03)528-5840
苗栗縣	苗栗縣文化局木雕博物館	苗栗縣三義鄉廣 ? 勝村廣聲新城 88 號	(03)787-6009
苗栗縣	象山藝術館	苗栗縣頭屋鄉象山村孔聖路 39 號	(03)725-1353
臺中市	沙鹿電影藝術館	臺中市沙鹿區鎮南路二段 488 號	(04)2663-1739
臺中市	臺中縣政府文化局編織工藝館	臺中市豐原區環東路 782 號	(04)2526-0136
臺中市	國立臺灣美術館	臺中市五權西路一段 2 號	(04)2372-3552
臺中市	臺灣傳統版印特藏室	臺中市北區雙十路一段 10-5 號	(04)2221-7358
臺中市	臺灣漆文化博物館	臺中市建智街 12 號	(04)998-2076
南投縣	南投陶展示館	南投市彰南路二段 65 號	(04)9220-2430
南投縣	國立臺灣手工業研究所陳列館	南投縣草屯鎮中正路 573 號	(04)9236-7805
彰化縣	當代藝術館	彰化縣彰化市中山路二段 500 號	(04)725-0057#312
彰化縣	賴和紀念館	彰化縣彰化市中正路一段 242 號 4 樓	(04)724-1664
雲林縣	臺灣寺廟藝術館	雲林縣斗六市大學路三段 310 號	(05)532-2154#10
嘉義縣	新港文教基金會展示館	嘉義縣新港鄉新中路 305 號	(05)374-5074
嘉義市	交趾陶館	嘉義市忠孝館 275 號	(05)278-8225#510～512
臺南市	國家臺灣文學館	臺南市中正路 1 號	(06)221-7601
臺南市	奇美博物館	臺南市仁德區三甲村 59-1 號	(06)266-0808
臺南市	菜寮化石館	臺南市左鎮區榮和村 61-1 號	(06)573-1174
臺南市	楊逵文化館	臺南市新化區中正路 488 號	(06)590-5009#56

高雄市	高雄市立美術館	高雄市美術館路 20 號	(07)555–0331
高雄市	英明藝術文物館	高雄市英明路 147 號	(07)715–0949#33
高雄市	鍾理和紀念館	高雄市美濃區廣林里朝元路 96 號	(07)681–0467
高雄市	郭常喜兵器藝術文化館	高雄市茄萣區民生路 226 號	(07)698–9595
屏東縣	恆春民謠館	屏東縣恆春鎮墾丁里墾丁路 65 號	(07)736–0331
屏東市	排灣族雕刻館	屏東市大連路 69 號 4 樓	(08)737–6302
宜蘭縣	蘭陽博物館	宜蘭市復興路二段 101 號	(03)932–2440
宜蘭縣	臺灣戲劇館	宜蘭市復興路二段 101 號	(03)932–2440#400~407
宜蘭縣	國立傳統藝術中心	宜蘭縣五結鄉季新村五濱路二段 201 號	(03)970–5815
花蓮縣	花蓮縣文化局石雕博物館	花蓮市文復路 6 號	(03)822–7121#104
臺東縣	臺東劇團表演藝術館	臺東市開封街 671 號 2 樓	(08)934–6709
澎湖縣	二呆藝術館	澎湖縣馬公市中華路 230 號	(06)926–1141
金門縣	金門陶瓷博物館	金門縣金湖鎮漁村 14 號	(08)233–2856#102

延伸閱讀

1. 國家圖書館，《臺灣文學作家年表與作品總錄 (1945-2000)》，臺北：國家圖書館，2001。

2. 陳郁秀，《臺灣音樂閱覽》，臺北：玉山社出版事業股份有限公司，1997。

3. 陳儒修著，羅頗誠譯，《臺灣新電影的歷史文化經驗》，臺北：萬象圖書股份有限公司，1993。

4. 彭瑞金，《臺灣新文學運動四十年》，臺北：自立晚報社文化出版部，1991。

5. 焦雄屏，《臺灣電影 90 新新浪潮》，臺北：麥田出版股份有限公司，2002。

6. 黃寶萍，《臺灣美術影像閱讀》，臺北：藝術家雜誌社，1996。

7. 葉石濤，《臺灣文學史綱》，高雄：文學界雜誌社，1993。

8. 鄭恆隆，《臺灣歌謠臉譜》，臺北：玉山社出版事業股份有限公司，2002。

第九章　人不親土親

臺灣的舊地名

第一節　具地理意義的舊地名

> **提　要**
>
> 　　地名是給予一個地點或一個地域的固有名詞，對歷史而言，它可追溯地名起源與演變，了解其所蘊含的地緣、拓墾、政治、軍事上的種種痕跡，是歷史的代言者。對地理而言，它可從地名所描述的原始景觀，如地面起伏、河流、方位、聚落等，探討出歷史時間中的空間格局。所謂「人不親土親」，地名不但情牽臺灣人親切的感情，更是認識臺灣歷史地理最好的觀察點。

地名的產生背景

　　臺灣的地名多元、豐富，為世界各地所少見，究其原因有三：一是自然環境複雜、景觀多變；二是族群多元，互動熱絡；三是政權更迭頻仍，西洋、日本、中國政權互有更替。

　　臺灣地形特徵是山高谷深，火山帶貫穿且斷層縱橫交錯，夏季雨量豐沛又有颱風侵襲，河川下蝕沖積形成坑谷地形，時有豪雨、山崩滑土，帶來河階沖積扇與平原，一連串陷落盆地、地塹性縱谷等複雜多變，觸發了福建、廣東等先民敏銳反應與覺察，將自然景觀引用成豐富且多樣的地名。

　　歷來居住在臺灣的族群有平埔族、高山族等原住民；有陸續移墾來的漢人，其中又包含了閩南福佬人與嶺東、閩西客家人；在原住民與漢人互動過程中，多元族群交錯形成新的聚落，他們紛紛以各自文化與語言為聚落命名，使得臺灣今日地名產生語言與文化的融合與轉化。

　　地名可提供日常生活中定位功能，也是人們共同約定的專有名詞，

經過社會實踐才能被多數人所公認，且要經過一定傳播與篩選過程，如果利用社會組織如行政機構的力量就能加速這個過程。臺灣的行政區域，從早期的海盜據點，到荷蘭人、西班牙人的貿易、宗教區域，到鄭氏王朝的屯兵開墾，清代的設府、建省，日本人殖民統治，戰後的國民政府，時至今日，迭經行政區域不斷劃分，湮滅不少舊地名，也創造無數新地名，在在使地名出現時空上的多樣變化。

地理景觀

　　早期的移民曾在新居的地點，觀察地形上的立體或平面的地貌特徵，而加以命名，因此舊地名的命名很多與山川地形有關，此類舊地名可以看到墾荒當時的原始景觀，雖然這些地形地貌已經改變，但舊地名仍保存最初的痕跡。

　　山川地形的舊地名，自有語言上的語意，無法以字義遽而斷定，例如以「山」為地名命名時，包括大山，如玉山、阿里山；連丘陵、臺地、小崗阜或是地面上起伏稍微高出的狀態，不論高度如何也都稱為「山」，如山內等，並不都是意指高聳的大山。

　　「崎」是指從低處上高處的漸移斜面，相當於坡，如竹崎。「墩」是指平坦地面上的小崗阜，如葫蘆墩；「崙」是小山、小丘、高臺的意思，多用於稱呼海岸或河畔風成沙丘，如沙崙等。

　　「崁」是指二平坦面接近垂直的轉移面，相當於小崖，有南崁。「坪」

高雄·月世界（林世堅攝）

陽明山·小油坑（林世堅攝）

是高出平地面上平坦的地面，概用於河階面上或山上的平原面，如坪林。「埔」是指未開墾的原野，不能當田園宅地，有溪埔。「壟」是指平地上並行長條狀的小起伏，或稱為「埒」，有壟仔內。客家語所說的「壢」與福佬話「坑」

瑞芳・鼻頭角（林世堅攝）

同意，都是指短小的谷澗，例如中壢。「窟」是指低窪地，多指聚水的地方，有大山窟。「嶺」指嶺頭，都呈現了墾荒當時地形地貌的多樣變化。

　　另外，福佬話中的「洋」、「灣」、「湖」所命名的地名，大多與字義不一致，像「洋」，是將「平原」稱為「平洋」，意指地面跟海洋一樣的平坦如田寮洋。而「湖」雖然也稱真正湖泊，但周緣高、裡低平的「盆地」地形也稱為「湖」，如竹子湖。「灣」有稱真正海灣，但更常用於三面繞高、一方開口的低平地，至於此地比較開寬的山麓口聚落也多用「灣」為名，如內灣。

　　「澳」是指灣形海岸上，水深入但三面繞山處稱為「澳」，也就是小灣，例如南方澳；像山地特別突出或海岬也都以「鼻」稱之，例如鼻頭角。海岬端也稱為「角」，如三貂角。「汕」、「線」、「傘」也都稱呼「濱外沙洲」，例如北線尾。「塭」是指海岸外繞沙洲的潟湖，日久潮流口阻塞，潟湖成為淤淺的鹹水湖，例如塭底。

　　「溪」則是指短促的河流，如溪頭。「溝」是指比溪小的圳溝河流，例如溝仔尾。「泉」、「湯」是指湧泉的土地，泉通常是指冷冽的泉水，湯則是指滾燙的溫泉，例如宜蘭的礁溪舊地名為「湯圍」。「礁」則指乾涸河道，以礁溪為例，原來也是旱溪之意。「湳」、「坔」、「濫」都指不堅實土地、濕沼地或多間隙礫層，如水湳、八里坔。

方位關係

依開發之前後，臺灣許多地名會冠以方位、次序的名稱。有些聚落在拓墾初期，因為地緣相近，自然發生地名重複，後來墾殖有成，聚落間彼此往來緊密發生不便，所以加上方位或相關位置進行區別，而一個較晚形成的聚落，地名也常借用附近一個較大的聚落來表示。以上以相關位置來表示地名者，多先有一個做為標準的聚落為特色，故從舊地名可追查聚落發生的先後關係，聚落間的地緣、血緣以及歷史拓墾的過程。

標示方位的地名，屬於方位者往往在地名中，加以東、西、南、北四個方位，如東澳、西湖、大南澳、北屯等。

相關位置的地名，通常冠上「前」，如崁前；「中」，如中崙；「後」，如後勁；「頂」，如頂埔；「上」，如上新庄；「下」，如下埔；「內」，如內壢；「外」，如外雙溪；「口」，如林口；「頭」，如頭城；「尾」，如田尾；「背」，如崙背。

方位地名中比較特殊的包括「角」、「勢」、「勢角」、「頭前」、「面前」、「後壁」、「墘」等，有時再用兩字疊成「勢角」、「角頭」，在已有方位、地點的地名上，再加「上」、「下」、「頂」為區分。「角」，就是角落的意思，以一地為準，在隅角處，以一地的地名再加上角為新地名，如下角。「勢」，就是以一地為準所趨的方向為勢，例如東勢；「勢角」也是以一地為準，所趨方向的隅角處聚落，在方位後再加上勢角為地名，如南勢角等。

「頭前」、「面前」是以一個建築物為基準，在其前方的房屋或地形、河流，例如頭前厝，形成聚落時就沿用為地名。「後壁」與「頭前」、「面前」相反，在一村、街或建築物後方，初期可能為茅寮，日久發展成聚落時，就用原稱呼為地名，如後壁寮。「墘」是旁邊的意思，在河湖道路旁邊都可以稱為墘，如埔墘等。

氣候關係

　　對於風力特別強盛或多雨之地，或終年溫暖之地，根據氣候上的特徵而加以命名者，在臺灣地名中雖不多見，但仍可從地名中發現氣候的因子，如風大的地方，有風港、風櫃、火燒坪、風吹沙等；多雨之區有浸水營等；多霧的地方有霧峰、霧社；氣候四季如春有恆春等地名。

與動物有關的地名

　　在漢人大量入墾臺灣之前，臺灣保有很豐富及原始的自然景觀，隨著漢人拓墾的範圍擴大，原本出沒其間的各種野生動物，被迫改變牠們的棲地。臺灣有不少舊地名是以先民所見到的動物來命名，為昔日臺灣原始景觀留下客觀的見證與紀錄。

　　與動物命名有關的舊地名中，以「鹿」的地名最多，說明過去臺灣鹿蹤處處，花鹿、水鹿繁衍成群，荷蘭時期鹿皮是臺灣出口特產的最大宗，最高時一年曾達十五萬張，日本人非常喜歡臺灣的鹿皮，將之製成衣飾的「陣羽織」，但今日臺灣的鹿群瀕臨絕跡，只能從舊地名中來找尋，如鹿寮、鹿窟、鹿場等。

　　山豬和猴群，都是早期臺灣常見的動物，因此地名中有山豬窟、猴洞等；山羌也是往昔臺灣常見的野生動物，相關地名有羌仔寮；也有以龜命名的，如石龜坑；其他如用水蛭（蜈蜞）來命名，有蜈蜞潭；用青

墾丁‧風吹沙（林世堅攝）

埔里‧鯉魚潭（林世堅攝）

蛙來命名，如水蛙潭等。

臺灣常見的水牛，是荷蘭時期荷蘭人從印尼所引進，以後牛就成為漢人移民在農業耕種上不可或缺的工具，同時也是簡便的運輸工具。在臺灣開墾之初，設有養牛之處，有牛稠；有飼養牛隻的荒埔地，如牛埔；有交換拍賣牛隻的定期市場，如牛墟等。

與植物有關的地名

從樹、林、竹等天然植物命名的舊地名中，可以了解臺灣氣候溫暖濕潤，處處適合植物生長，住民拓墾時往往會以聚落周遭最茂盛的植物景觀或村莊附近較大型的樹木、草名來命名。

用天然植物命名的地名中，以沒有標示「樹種」、「林」的地名最多，如樹林、員樹林、員林等。「竹」亦是常被用來命名的植物，如蘆竹、竹圍、竹崙等。

其他較常被用來命名的樹種有「茄苳樹」，如茄冬腳；「樟樹」，如樟樹灣、樟樹腳；有「茅仔」，例如茅埔；有「楓樹」，例如楓仔林；有「九芎」，如九芎橋；有「雞油」或圭柔的臺灣欅樹，如頂圭柔山；有「拔仔」（番石榴），如拔雅林；有「苦苓樹」，如苦練腳；有「鳥松」或「蔦松」，如頂蔦松；有「埔姜」，如埔姜崙；有「柯」，如柯仔湖；有「莿桐」，如莿桐腳等。

聚落機能關係

臺灣許多舊地名與聚落初期形成時帶有專一的機能有密切關連。如因為牛隻，使得與牛相關的農犁成為主要農耕用具，犁頭製造、打鐵店不斷興設，後來以打鐵店為中心而形成街肆，演變成為農產品集散與日常用品供應中心，臺灣聚落中就有不少與牛犁有關的地名，如犁頭店，一些街道名稱也以「打鐵街」命名。

在舊地名中冠有「埕」、「廊」、「油車」、「渡頭」、「油行」、「寮」、「蚵」、

日治時期的大稻埕

「窰」、「市」、「塗庫」、「枋」、「腦」等字者，聚落的機能多少意含在地名之中，如鹽埕、大稻埕、糖廍、蚵寮、鴨母寮等。

◎ 文獻導讀

洪英聖，〈自序〉節錄，《情歸故鄉——臺灣地名探索(1)總篇》，臺北：時報文化出版企業股份有限公司，1995。

……

我在草屯出生，唸草屯國民中學，簡稱「草中」。一年級時，成績單一發下來，全班六十多名，有五十多人跟我一樣姓「洪」，從班長到鎮長通通姓洪，我誤以為洪姓是臺灣第一大姓。

從南投高中畢業後，考取世界新聞專科學校三專編輯採訪科（民國八十二年改制為世界新聞傳播學院），我才有機會到「首都」臺北見見世面。……

原以為草屯在省政府中興新村「隔壁」，應該「很出名」，想不到卻

萬華・西昌街的青草巷（本局拍攝）

日治時期的鹽埕

被同學想像成「芋仔冰」城。於是我決定為草屯打「知名度」，就利用寒假期間，回草屯採訪「草屯」，當時就針對地名探索地方傳奇故事，希望能加深大家對草屯的認識與印象。

第一個浮上腦海的，就是草屯為什麼叫草屯？多麼「草包」的感覺，為什麼不叫「花屯」，至少漂亮一點。更令人不解的是草屯更老的名字居然叫「草鞋墩」。

草屯鎮內，又有許多奇怪的小地名，例如「牛屎崎」、「石頭埔」、「番社」、「番仔田」、「雙冬」、「三層崎」、「大虎山」、「賊湖」、「頂崁」、「貓羅溪」、「烏溪」、「茄老山」、「火炎山」等等無奇不有。

這些問題，成為我當時練習採訪的第一對象，我騎著父親結婚的紀念物——老「鐵馬」，帶著老相機和筆記本，從市區沿途訪問到九公里外的火炎山郊區，尋訪鎮內耆老，成為我的地名由來口述調查資料，並整理成五千多字的報導，在當年的《大同雜誌》發表〈歷史煙塵不復認——草屯傳奇〉。

沒想到，這篇卻成為後來我研究地名的起步。

◎ 活動與討論

請同學就自己家鄉的地名之意義、淵源，及家鄉特色，在班上相互交流之。

◎ 延伸閱讀

1. 余全雄，《臺灣謎語指南：臺灣地名及民間燈謎》，臺南：西北出版社，2000。

2. 洪英聖，《情歸故鄉——臺灣地名探索(1)總篇》，臺北：時報文化出版企業股份有限公司，1995。

3. 洪敏麟，《臺灣地名沿革》，臺中：臺灣省政府新聞處，1985。

4. 張德水，《臺灣政治、種族、地名沿革》，臺北：前衛出版社，1996。

5. 蔡培慧、陳怡慧、陳柏州，《臺灣的舊地名》，新店：遠足文化事業有限公司，2004。

第二節　具歷史意義的舊地名

提　要

臺灣有許多舊地名是反映歷史發展的事實，其中包含原住民部落的譯音、荷西遺留的見證、漢人移墾的影子、日人殖民的縮影、戰後統治者所移植的文化等。

原住民的譯音

臺灣西部平原的許多聚落，原是平埔族或高山族的活動區域，早期臺灣很多地名係以「番社」名來命名，如清孫元衡的《赤嵌集》有云：「臺地諸山皆從番語譯出」。過去許多原住民譯音的地名常被消滅，改以新地名；近年來受本土化運動及原住民正名運動的影響，一些已消失的地名又陸續恢復。

平埔族人遷居後，漢人創建聚落在原平埔族社者，常以該社譯音字為聚落名，稱為「番仔寮」、「社寮」、「番社」。番仔寮，就是在原番社建築簡陋的寮舍，在番社入口處就稱為「社口」，在番社尾端就稱為「社尾」，上下方就稱為「頂」或「上、下」番社，較低處則稱為「社腳」，原平埔族的耕田被稱為「番仔田」。用「番」字命名的聚落，即指平埔族人原聚落，有番仔寮等。以「社」命名的聚落，則有舊社等。另，今日許多地名原是平埔族社名的譯音，較著者如：八里坌、北投、沙轆、大肚等。

高山族所居住的區域，戰後有一段時間地名有明顯的變化，許多地名被賦予大中國意識或反共復國用意，如今阿里山鄉曾被改名為吳鳳鄉，有許多山地鄉的鄉名為復興、三民、延平、和平，拉拉山被改為達觀山等，都是顯著的例子。但今日猶有許多地名仍保留高山族譯音的特性，

北投‧地熱谷：北投原是平埔族凱達格蘭部落居住的地方，北投為平埔語「Patauw」之音，意指「女巫」，可能是因為該地溫泉煙霧瀰漫而帶來無限想像。（林世堅攝）

如烏來、東埔、牡丹、七腳川等。

地緣、血緣衍生的地名

　　臺灣地區早期移民主要來自閩、粵二省，新移民在臺灣所形成的聚落，很多都是以原鄉的地名來命名，在聚落發展史上，以舊故居地命名的地名，可以了解聚落發生時的地緣關係。以地緣命名的聚落，多數在其尾字有「寮」、「厝」、「宅」、「店」等，係單指一間或數間住屋及店屋之類。

　　就福建省府縣命名者，如泉州厝、漳州寮、永定厝等。廣東省移民來臺者多屬客籍，其地名如潮州府移民居住地常見大埔、饒平等地名，惠州府的移民聚落常見海豐等。

　　地緣與血緣的結合，是社會構成的要素，在移民社會的發展過程中，由於治安不穩，為共同防禦外敵，協力拓墾而合作。所以同血緣關係者，常結合形成一個聚落或聚落中的一部分，後雖因婚姻關係或治安改善而有異姓遷入，然仍保留其地名。因血緣所衍生的地名，「厝」為閩南籍的移民地名，如朱厝崙、林厝；「屋」為客籍的移民地名，如宋屋。

高雄‧左營‧南門（啟文門）：「左營」乃因鄭氏王朝在此實施大規模軍屯而得名，後人民逐漸聚集而成聚落。照片中的南門——啟文門，原為清領時期鳳山縣舊城重建的四門之一，古人認為南方主文運，過去要到縣城赴試者，皆由此門進出，即為「開啟文人，為國舉才」之意。（本局拍攝）

與拓墾有關的地名

　　官方墾殖臺灣所留下的地名主要有王田、官田及隆恩田。荷蘭時期利用「王田」招募中國東南沿海的漢人來臺拓墾，以穩定其糧食供應。鄭氏王朝承繼王田，改稱為「官田」，另有「私田」及「文武官田」，由鄭氏宗黨、文武官員等招佃開墾。鄭氏為提供來臺二十萬軍民穩定的糧食生產，實施「屯田」制度，而有所謂的「營盤田」，由於在屯田地設營鎮，因此今日許多南部的地名就是營鎮的名稱，如後鎮、新營、柳營、後勁、援剿、仁武等。清林爽文事件後，清廷購買田地招募佃農耕作，按年徵收租息稱為「隆恩田」，北臺灣有地名即為隆恩埔。

　　早期臺灣的土地拓墾，在組織上以「大租戶」為主體，即由具有雄厚資力的墾首邀人合資，組織公司或合力分工的團體，從大陸或臺灣招募大批壯丁，從事面積廣闊的荒埔開墾事業，在開墾完成之後自然形成村落，因此地名常以土地分配的股、份、鬮、結等命名。

　　以「股」命名的如五股、十股，係指墾首合股向官方領得荒埔地的墾照，共同出資廣招墾丁從事開墾，墾成後的地名就是由幾股合力開墾而成的地，作為紀念。「份」或「分」的地名，都有持分的意思，如頭份、九份等，就是合力出資開墾者，墾成之後將他們按股份所分得的土地再細分，後來在該地形成聚落時，常以某一位墾首所分得的份為地名。因

劃分多以數字作為排列，所以用股下第幾份來表示地名，如三分埔，就是第三份分得開墾的埔地；也有一種編號，略稱為幾份或幾分，往往墾地的「分」或「份」地名，前面是數字，後面有埔、林、坑、寮、保，用來補充說明分得的土地類別。

「鬮」的地名如二鬮、三鬮，就是墾首合資墾成的土地，為公平分配，所以按寫字或紀錄供人抓取，來決定應得的份數即為鬮。「結」的地名大多分布在蘭陽平原，如一結、五結等，由於蘭陽平原的土地拓墾採取結首制度，墾首向政府具結申領墾照之後，相互合資合力從事墾荒，在土地開墾完成後，結首獲得分配的土地，加以編號稱呼，後來移墾生產的聚落就以此來命名。

「甲」和「張犁」（或張）係土地的計量單位，在臺灣田園算法，十分為一甲，墾耕五甲土地配置一犁，因此每地積五甲稱之為一張犁。以「甲」作為地名的，以未超過十五甲的土地居多，如果多出十五甲，就以「張犁」來命名，以「甲」命名的集中在臺灣南部，如一甲、六甲等地名；以「張犁」命名的，如三張犁、六張犁、七張等。

農業設施名稱

臺灣地屬稻作文化區，水稻須靠灌溉，位於副熱帶氣候區的臺灣，因為夏季雨量豐沛，所以早期要築埤儲水、蓄洪開圳引水灌溉，開闢相當多的埤、圳、塘，一些聚落就在埤、圳、塘的上下或旁邊的分水處形成，形成灌溉耕耘的地名。「埤」是築堤儲水在池沼內，用來灌溉田地的設施，荷蘭時期就開始興築埤塘，如嘉義市有「紅毛埤」地名，至於聚落形成於埤、圳、塘附近，有埤頭、老埤、圳溝、水圳頭等；其他和水利設施有關的地名如：四汴頭、梘尾（景美）等。

防禦隘寮地名

早期來臺灣的拓墾者除了要克服天然條件如氣候、地形上的障礙與

限制外，還必須防範「番人」或其他拓墾者的襲擊，為確保耕地拓墾的成果，須有積極的防禦措施。一般的防禦地點隨著拓墾線向外、向前推進，這些防範設施也因人口聚集成聚落就直接以當時的防禦設施名稱來命名，如隘、堵圍、土城、土牛、紅線、木柵、柴城、石城等。

「隘」是為了防禦「生番」出擾危害，在「生番」出入要衝設隘丁駐守，用來保護開墾的設施，在險要出入口設有隘勇屯駐的寮舍，稱為「隘寮」，隘寮通常興築在民「番」的界線上或各隘可呼應相援之距離內。隘是民間自發自衛而設計的防禦建築，由隘內的田園收隘租以維持自募的隘丁，清朝才開始設有官隘，也有官民合辦的隘寮，而設隘處後來形成聚落時就以隘來命名。以「隘」為地名者如隘寮、隘丁等。

「堵」是土垣的意思，土垣一稱為板，五板稱為堵，以堵為名的，大多在基隆河谷地及蘭陽平原上，利用天然地勢山河狹隘處，築土石為垣牆，以堵作為阻隔，來保護開墾日久在堵附近所形成的聚落，以堵為地名者如頭堵、七堵、八堵等。

「圍」就是築土圍以防番害，有按時間前後次序命名，又有不以次序命名，用築圍的人或材料、位置來命名，如頭圍、五圍、竹圍等。「城」的意義和圍相同，城的名稱較早見諸於客籍的聚落，後來閩南籍的聚落亦以城命名，如土城、二城等。另有早期用以劃定漢「番」界線的「土牛溝」，因形狀像臥坐的牛，因而有土牛口、土牛的地名。還有豎柵欄於土著的險地以維護居民安全所形成的聚落，如木柵。

「石牌」常立於漢「番」交界處，如清朝曾於 1722 年豎石畫界，防止漢人入侵原住民土地，其地即為今日的石牌；除了嚴禁漢人偷越「番」界侵占「番」地外，也有的石牌是里程碑或告諭、禁令之牌，其地亦常以石牌命名。

以人名命名的地名

對一塊土地開墾有功的人，或曾經有歷史事蹟發生的地方，在聚落

形成的初期常被取為地名。用開墾人名來命
名的地名，如林鳳營、吳全城、天送埤等。
除了人名，人的功名或官職也會成為地名，
如保長坑、將軍等。一般豪族稱謂也可以當
地名，如貴舍等。

與交通有關的地名

臺灣一些聚落正位於交通要衝上，為了
方便易記，直接以路、口、車、橋來表示，
水路交通則用港、渡、頭來標誌地名。臺灣
的地理環境受限於河川阻隔，不論是對外或
對內交通，「港」均扮演重要的角色，西海
岸的河港、海港均相當發達，「一府、二鹿、
三艋舺」都具備港口的機能，很多港雖日後
淤淺成廢港或海勢遠去而沒落，或地形從河
口變成內港，也失去港的機能，但舊地名仍
保有港的稱呼，較著者如笨港、鹿港、鹽水港等。

清代石頭令碑：乾隆時期，士
林和北投之間漢人與原住民
經常發生土地糾紛，清廷為確
定雙方的界限，故立石於兩者
交界處，碑文為「奉憲分府曾
批斷東南勢園田歸番管業
界」，「石牌」的地名也因此而
來。（本局拍攝）

陸路交通方面，凡是兩個重要聚落間的往來道路中途或要衝上的聚
落，常以半路、中路為地名，進入一地的要衝為口、關，陸路過河處以
橋、渡為地名，以此命名的地名如番路、中路。

政權更迭與地名變革

臺灣歷史上用行政力量改變地名的例子，以清代、日治及戰後國民
政府三個時期最顯著。清代臺灣地名的變更主因是天災、人禍與行政區
域調整，如颱風、水災等天災造成聚落流失，人為民變械鬥迫使村莊遷
居，行政建制將原地名廢除不用，但基本上這些情形並不多見。

清代臺灣地名改變的方式有三：一是將原來不好聽的地名改為雅字，

如嘉義太保的「水娛厝」改為「水虞厝」；二是相近的地名音找其他的字代替，如「塗褲」改成「土庫」；三是將四個字以上地名縮短成二個字或三個字，如宜蘭的「馬荖武煙社」改成「武淵」。

日治時期的地名改變以 1920 年的變革規模最大，影響至今。是年，日本在臺灣實施大規模地方行政區域改革，將原來的里、堡、鄉、澳、街、庄、鄉、社的大小地區劃分全部廢止，除臺東廳、花蓮港廳及增設的澎湖廳外，廢廳設州、州下廢支廳設郡市，郡下廢區、堡、里、澳、鄉，而設庄、街，使得原本清朝二百多年來移民所創建且沿襲的一百多處街、庄聚落地名都發生了變化。

在調整行政區的同時，地名亦採三種方式進行變革：一是恢復舊地名，將少部分地名改回鄭氏時期的「里名」，如將西拉雅族目加溜灣社沿用的舊稱「灣裡」改為「善化」；二是將地名蛻變為日式地名，乍看雖然與原地名不相關，但命名大多根據福佬話的讀音，再以日語「音讀」的近音漢字代替，如「打狗」改稱「高雄」；三是以往三個字地名，全部改為二個字，並用近似雅字音或取其意來代替，不然就另取一個與原來不相關的地名，如「咸菜硼」改稱「關西」、「店仔口」改為「白河」等。

戰後地名的特色大多沿襲日治時期的地名，直接整編即可使用，用來徵稅、動員相當便捷迅速，臺灣省轄區域有六千四百多個村里，以板橋市為例，說明戰後沿用日治時期村里名稱，一般有三種情形：一是在原大字下再加上村里，如「深丘」改為「深丘里」；二是原大字的二字取一字再加一字成為村里名，如「江子翠」，即有江翠里、松翠里、嵐翠里；三是重新命名，如「社後」改為「中正里」。

戰後重新命名的地名，一般都與原地名缺乏字義、字音、字形等方面連帶關係，新地名的命名方式，通常有三大類：一是為了鼓舞民氣、維繫中華文化傳統，四維、八德或大中國意識的思想成為社會安定力量與價值主流，紛紛透過「復興基地──臺灣」的地名來實踐，希望藉此潛移默化人民，如忠勇、和平等為名的村里、鄉鎮，南京、迪化等街道

名；二是三民主義思想精髓，以及《禮記・禮運篇》的「夜不閉戶、路不拾遺」精神，同時強調不忘胸懷故國，時時以臥薪嘗膽精神惕厲，不忘雪恥復國，並對未來充滿理想，如民族、大同等。三是從清末各國勢力進入中國，辛亥革命成功後又逢軍閥割據、對日抗戰、國共內戰，歷經連年的戰亂，雖然偏安臺灣，但也希望創造一個富庶安定生活，紛紛透過地名來履現祈福、吉祥類的地名，如永和、興隆等。

◎ 文獻導讀

　　蔡培慧、陳怡慧、陳柏州，〈舊地名新觀點〉節錄，《臺灣的舊地名》，新店：遠足文化事業股份有限公司，2004。

　　當歷史文化逐漸變得沉重的今天，都市街區還存在著哪些印記？傳衍著都市的歷史、城鄉的變遷。「地名」，毫無疑問的，不只是一個稱呼，不只指涉著特定的地域，它還承載著地方的歷史，連結了地方的生命，蘊含了豐富、深刻的意義。

　　……胡適便曾對臺灣地名動輒更動之舉，非常不滿。民國四十一年胡適曾經遊歷其父胡鐵花經營過的臺東縣，有兩件小事可以看出他對地名與歷史聯繫的尊重與在意。根據臺東縣政府的資料提及，胡適與當時臺東縣長吳金玉前往知本溫泉途中，行經馬蘭橋，見橋頭書有「中華民國二十一年建」的字樣，胡適馬上意會到，民國二十一年，中華民國並未治理臺灣，橋頭上文字應該寫著「昭和七年建」才是，胡適脫口說：「民國二十一年中華民國尚未統治臺灣，如何寫著中華民國建……。」不一會，當他得知臺東外島紅頭嶼，因島上盛產蝴蝶蘭且得獎，民國三十五年省政府乃將紅頭嶼更名為蘭嶼，胡適更加不滿：「以具數百年歷史之地名，竟因一朝蘭花得獎而改名，實在不可思議，現今西歐數百年前小說中之地名街道，仍然可以按圖索驥而得，國人對文化資產之保存，亟待建立共識。」

　　地名乃是生活於該處土地上社群共同記憶與情感的象徵。臺灣歷經

四百年來，不同政權的治理以及主流漢民族文化思潮的影響，許多地名與人民情感斷裂、與歷史記憶隔閡。所以地方上曾經出現過不同型態的正名運動，如 1953 年臺東關山鎮將「里壠鎮」正名為「關山鎮」、1992 年屏東「三地鄉」正名為「三地門鄉」、1988 年「吳鳳鄉」更名為「阿里山鄉」。目前南投縣的「仁愛鄉」醞釀正名為「霧社鄉」。正名的原因或許不盡相同，然而，正本清源的想法是一致的。……

◎ 活動與討論

　　請就信封後所附的臺灣各行政區名錄，勾勒出所謂「山地鄉」名單，參酌本節文獻導讀「正名運動」內容，幫這些尚未正名的山地鄉想想正名後的地名為何？

◎ 延伸閱讀

1. 中央研究院臺灣歷史文化地圖：http://thcts.ascc.net/kernel_ch.htm
2. 天下雜誌，《319 鄉向前行》，臺北：天下雜誌，2001。
3. 國家圖書館臺灣記憶系統：http://memory.ncl.edu.tw/tm/index.htm
4. 陳懷恩導演，《練習曲》，華納，2007。

參考書目

一、工具書

Otness, Harold M.,*One Thousand Westerners In Taiwan, To 1945; A Biographical And Bibliographical Dictionary*，臺北：中央研究院臺灣史研究所籌備處，1999。

中央圖書館臺灣分館，《臺灣文獻書目解題》（方志類、地圖類、傳記類、公報類、語言類、族譜類），臺北：中央圖書館臺灣分館，1987–1992。

中國社會科學院臺灣研究所，《臺灣總覽》，北京：中國友誼出版公司，1991。

包恆新，《臺灣知識詞典》，福州：福建人民出版社，1987。

伊能嘉矩，《大日本地名辭書續編——臺灣編》，1908。

吳幅員，《臺灣文獻叢刊提要》，臺北：臺灣銀行經濟研究室，1977。

吳聰敏、葉淑貞、劉鶯釧，《日本時代臺灣經濟統計文獻目錄》，臺北：臺灣大學經濟學系，1995。

林美容，《臺灣民間信仰研究書目》（增訂版），臺北：中央研究院民族學研究所，1997。

邱遠猷主編，《中國近代官制詞典》，北京：北京圖書館出版社，1997。

張之傑，《臺灣全紀錄》，臺北：錦繡出版社，1998。

張炎憲，《臺灣漢人移民史書目》，臺北：中央研究院臺灣史田野研究室，1989。

莊英章，《臺灣平埔族研究書目彙編》，臺北：中央研究院民族學研究所，1988。

許雪姬等，《臺灣歷史辭典》，臺北：行政院文化建設委員會，2004。

連照美、宋文薰，《臺灣地區史前考古文獻目錄》，臺北：史前館籌備處，1991。

陳正祥，《臺灣地名辭典》，臺北：南天書局有限公司，1994。

陳弱水，《臺灣史英文資料類目》，臺北：林本源中華文化教育基金會，1995。

黃淵泉，《臺灣族群研究目錄》，臺北：臺灣省政府文化處，1998。

臺灣史檔案文書編委會，《臺灣史檔案・文書目錄》，臺北：臺灣大學出版社，1997。

趙振績著，陳美桂編，《臺灣區族譜目錄》，中壢：臺灣區姓譜研究社，1987。

遠流臺灣館，《臺灣史小事典》，臺北：遠流出版事業股份有限公司，2000。

劉子楊、李鵬年，《清代六部成語詞典》，天津：天津人民出版社，1992。

鄭喜夫纂輯，《臺灣地理及歷史・卷九・官師志》，臺中：臺灣省文獻會，1980。

鷹取田一郎修，《臺灣列紳傳》，臺北：臺灣總督府，1916。

二、通史類專書

Davidson, Lames W.,《臺灣之過去與現在》(*Island Formosa Past and Present*)，臺北：臺灣銀行經濟研究室，1972。

天下雜誌編，《發現臺灣》，臺北：天下雜誌社，1993。

王育德，《臺灣——苦悶的歷史》，臺北：草根出版社，1999。

史明，《臺灣人四百年史》，加州：蓬島文化公司，1983。

伊能嘉矩，《臺灣文化志》，臺北：南天書局有限公司，1993。

吳文星、張勝彥等，《臺灣開發史》，臺北：國立空中大學，1996。

吳密察，《唐山過海的故事》，臺北：時報文化出版企業股份有限公司，1998。

李筱峰，《臺灣史 100 件大事》，臺北：玉山社出版事業股份有限公司，1999。

李筱峰、林呈蓉，《臺灣史》，臺北：華立圖書股份有限公司，2003。

周婉窈，《臺灣歷史圖說》，臺北：聯經出版事業股份有限公司，2003 年二版十五刷。

洪麗完、張永楨、李力庸、王昭文，《臺灣史》，臺北：五南圖書出版股份有限公司，2006。

時報文化編輯部，《珍藏 20 世紀臺灣》，臺北：時報出版企業股份有限公司，2001。

張之傑等,《臺灣全紀錄 1500B.C.–1996A.D.》,臺北:錦繡出版社,1998。

連橫,《臺灣通史》,臺北:眾文圖書股份有限公司,1979。

陳孔立,《臺灣歷史綱要》,臺北:人間出版社,1996。

陳正祥,《臺灣地誌》,臺北:南天書局有限公司,1993。

陳碧笙,《臺灣人民歷史》,臺北:人間出版社,1993。

陳鴻圖,《發現臺灣》,臺南:翰林事業股份有限公司,2002。

黃秀政、張勝彥、吳文星,《臺灣史》,臺北:五南圖書出版股份有限公司,
　　　2002。

臺灣省文獻委員會,《臺灣史》,臺北:眾文圖書股份有限公司,1990。

薛化元,《臺灣開發史》,臺北:三民書局股份有限公司,2003,修訂二版二
　　　刷。

三、專　書

Gold, T. B. 著,艾思明譯,《臺灣奇蹟》,臺北:洞察出版社,1987。

王嵩山,《臺灣原住民的社會與文化》,臺北:聯經出版事業股份有限公司,
　　　2001。

矢內原忠雄著,周憲文譯,《日本帝國主義下之臺灣》,臺北:臺灣史料中心,
　　　2003。

行政院研究二二八事件小組,《二二八事件研究報告》,臺北:時報文化出版
　　　企業股份有限公司,1994。

吳文星,《日據時期臺灣社會領導階層之研究》,臺北:正中書局股份有限公
　　　司,1992。

吳濁流著,鍾肇政譯,《臺灣連翹》,臺北:草根出版事業有限公司,1995。

呂紹理,《水螺響起——日治時期臺灣社會的生活作息》,臺北:遠流出版事
　　　業股份有限公司,1998。

李國祁,《中國現代化區域研究:閩浙臺地區 (1800–1916)》,臺北:中央研究
　　　院近代史研究所,1982。

李筱峰，《臺灣民主運動四十年》，臺北：自立晚報社文化出版部，1987。

李筱峰，《解讀二二八》，臺北：玉山社出版事業股份有限公司，1998。

谷蒲孝雄，《國際加工基地的形成：臺灣的工業化》，臺北：人間出版社，1992。

卓克華，《清代臺灣的商戰集團》，臺北：臺原出版社，1990。

林滿紅，《茶、糖、樟腦與臺灣之社會經濟變遷，1860–1895》，臺北：聯經出版事業股份有限公司，1997。

林鐘雄，《臺灣經濟發展四十年》，臺北：自立晚報社文化出版部，1987。

施添福，《清代在臺漢人的祖籍分布和原鄉生活方式》，臺北：臺灣師範大學地理學系，1987。

洪敏麟，《臺灣舊地名沿革》，臺中：臺灣省文獻會，1984。

若林正丈著，洪金珠、許佩賢譯，《臺灣：分裂國家與民主化》，臺北：月旦出版公司，1994。

翁佳音，《臺灣武裝抗日史研究》，臺北：臺灣大學文史叢刊，1986。

高希均、李誠，《臺灣經驗四十年（1949–1989)》，臺北：天下文化出版股份有限公司，1991。

國立故宮博物院，《福爾摩沙：十七世紀的臺灣、荷蘭與東亞》，臺北：國立故宮博物院，2003。

許雪姬，《北京的辮子：清代臺灣的官僚體系》，臺北：自立晚報社文化出版部，1993。

許雪姬，《滿大人的最後二十年》，臺北：自立晚報社文化出版部，1993。

彭懷恩，《臺灣政治變遷四十年》，臺北：自立晚報社文化出版部，1987。

湯錦台，《大航海時代的臺灣》，臺北：貓頭鷹出版社股份有限公司，2001。

黃昭堂著，黃英哲譯，《臺灣總督府》，臺北：前衛出版社，1994。

黃靜嘉，《春帆樓下晚濤急——日本對臺灣殖民統治及其影響》，臺北：臺灣商務印書館，2002。

楊彥杰，《荷據時代臺灣史》，臺北：聯經出版事業股份有限公司，2000。

葉石濤，《臺灣文學史綱》，高雄：文學雜誌社，1993。

葉榮鐘等，《臺灣民族運動史》，臺北：自立晚報社文化出版部，1971。

劉益昌，《臺灣的考古遺址》，板橋：臺北縣立文化中心，1992。

戴寶村，《帝國的入侵：牡丹社事件》，臺北：自立晚報社文化出版部，1993。

四、期刊論文

王世慶，〈介紹臺灣史料：檔案、古文書、族譜〉，收錄於張炎憲等編，《臺灣
　　　史與臺灣史料》，臺北：自立晚報社文化出版部，1993，頁 59-74。

王明珂，〈過去、集體記憶與族群認同：臺灣的族群經驗〉，收錄於中央研究
　　　院近代史研究所編，《認同與國家：近代中西歷史的比較》，臺北：
　　　中央研究院近代史研究所，1994，頁 249-274。

王塗發，〈戰後臺灣經濟的發展〉，收錄於張炎憲等編，《臺灣史論文精選－下》，
　　　臺北：玉山社出版事業股份有限公司，1996，頁 387-414。

吳乃德、陳明通，〈政權轉移和菁英流動：臺灣地方政治菁英歷史形成〉，收
　　　錄於賴澤涵編，《臺灣光復初期的歷史》，臺北：中央研究院社會科
　　　學研究所，1993，頁 303-334。

李亦園，〈從文獻資料看臺灣平埔族〉，收錄於氏著，《臺灣土著民族的社會文
　　　化》，臺北：聯經出版事業股份有限公司，1982，頁 49-76。

李匡悌，〈對臺灣歷史教科書中「史前史」部份的疑義〉，《新史學》12：2，
　　　2001，頁 173-193。

李國祁，〈清代臺灣的政治近代化〉，《中華文化復興月刊》8：12，1975，頁
　　　4-16。

李國祁，〈清代臺灣社會的轉型〉，《中華學報》5：2，1978，頁 131-159。

周婉窈，〈明清文獻中「臺灣非明版圖」例證〉，收錄於鄭欽仁教授榮退紀念
　　　論文集編輯委員會編，《鄭欽仁教授榮退紀念論文集》，臺北：稻鄉
　　　出版社，1999，頁 267-293。

周婉窈，〈從比較的觀點看臺灣與韓國的皇民化運動〉，收錄於張炎憲等編，
　　　《臺灣史論文精選－下》，臺北：玉山社出版事業股份有限公司，1996，

頁 161–201。

林偉盛，〈清代臺灣分類械鬥發生的原因〉，收錄於李筱峰等編，《臺灣史論文精選－上》，臺北：玉山社出版事業股份有限公司，1996，頁 263–288。

馬淵東一著，鄭依憶譯，〈臺灣土著民族〉，收錄於黃應貴編，《臺灣土著社會文化研究論文集》，臺北：聯經出版事業股份有限公司，1986，頁 47–67。

張炎憲，〈臺灣史研究與臺灣主體性〉，收錄於張炎憲等編，《臺灣近百年史論文集》，臺北：吳三連基金會，1996，頁 431–451。

張炎憲，〈臺灣文化協會的成立與分裂〉，收錄於李筱峰等編，《臺灣史論文精選－下》，臺北：玉山社出版事業股份有限公司，1996，頁 131–159。

張漢裕，〈日據時代臺灣經濟的演變〉，收錄於臺灣銀行經濟研究室編，《臺灣經濟史二集》，臺北：編者自印，1954，頁 74–128。

曹永和，〈荷蘭與西班牙佔據時期的臺灣〉，收錄於氏著，《臺灣早期歷史研究》，臺北：聯經出版事業股份有限公司，1979，頁 25–44。

曹永和，〈鄭氏時代之臺灣墾殖〉，收錄於氏著，《臺灣早期歷史研究》，臺北：聯經出版事業股份有限公司，1979，頁 255–293。

曹永和，〈環中國海域交流史上的臺灣和日本〉，收錄於李筱峰等編，《臺灣史論文精選－上》，臺北：玉山社出版事業股份有限公司，1996，頁 103–134。

許雪姬，〈臺灣光復初期的語言問題〉，《思與言》29：4，1991，頁 155–184。

黃秀政，〈清代治臺政策的再檢討〉，收錄於氏著，《臺灣史研究》，臺北：臺灣學生書局有限公司，1992，頁 145–173。

溫振華，〈清代臺灣漢人的企業精神〉，《臺灣師大歷史學報》9，1981，頁 111–139。

葉榮鐘，〈臺灣光復前後的回憶〉，收錄於氏著，《臺灣人物群像》，臺北：時報文化出版企業股份有限公司，1995，頁 161–201。

詹素娟，〈清代臺灣平埔族與漢人關係之探討〉，收錄於中央研究院近代史研究所編，《近代中國區域史研討會論文集》，臺北：中央研究院近代史研究所，1986，頁 195–222。

戴寶村，〈歷史教育與國家認同〉，收錄於李鴻禧編，《國家認同學術研討會論文集》，臺北：現代學術研究基金會，1993，頁 115–138。

藤井志津枝，〈一九三〇年霧社事件之探討〉，《臺灣風物》34：2，1984，頁 61–83。

原住民叢書

雅美族 泰雅族 鄒族 卑南族 布農族 排灣族 賽夏族 阿美族 魯凱族

臺灣歷史舞臺最初的主角，獨特的生活方式和文化習俗使他們與眾不同……

● 阿美族　　　　　　　　　　　　　　　黃宣衛　著

你知道最重視女性地位的原住民是哪一族嗎？答案是「阿美族」。阿美族為目前臺灣原住民中人口最多的一族，一年一次的豐年祭是他們最盛大的慶典，曼妙的舞姿、嘹亮的歌聲，引領我們進入阿美族豐富的傳統文化，想一窺阿美族的文化之美嗎？那就請您打開這本書吧！

● 泰雅族　　　　　　　　　　　　　　　王梅霞　著

泰雅族人是巨石的子孫，他們是九族中最善織布的一族，他們美麗的黥面代表著男人的勇氣與女人的賢慧，"gaga"則是他們重要的文化觀念與社會範疇。這一群在臺灣分布最廣的原住民族，還有許多您不知道的一面，正等待著您的深入探索。

● 布農族　　　　　　　　　　　　　　　黃應貴　著

布農族活躍於中央山脈地區，有「中央山脈守護者」的美譽。他們是原住民中最擅長打獵的一族，他們的打耳祭更為大家所熟知，但對布農族人而言，嬰兒節才是他們最重視的節日。布農族更是一個愛作夢的民族，不論做什麼事都得先聽聽大家作的夢才行。想要更了解布農族嗎？歡迎來到布農族「夢的世界」。

中國現代史（增訂七版）　　　　薛化元／編著

本書分題論列中國與臺灣現代歷史的發展脈絡，並評析其歷史涵義。對於這段歷史過程中的重大事件，論述不求其詳備，而取其精義，並與時俱進，希望能讓讀者有系統而概念性的理解。關於這段歷史過程中諱莫難明的史事，也參酌最新研究成果，務求確實無訛，盼望亦能讓讀者有超越傳統歷史論述的認知。

中國近代史（增訂六版）　　　　薛化元／編著

本書根據時序，論述中國近代歷史發展的脈絡，並評析其歷史意義，希望能使讀者不僅知悉歷史事件，更能對事件的歷史意義，也有概念式的理解。透過最新研究成果的參酌，以及借重科際整合對歷史事實的重新詮釋，不但史事力求確實，亦盼望讀者立基於歷史事實之上，能有超越傳統歷史論述的認知。企求綱舉目張，而在盡量不落俗套的狀況下，使讀者開卷之始，即能掌握歷史的脈絡與意義之所在。

中國近代史（增訂五版）　　　　李雲漢／著

本書為提供讀者完整的知識基礎，使之清楚了解近代中國劇變的始末，以明末中外歷史情事展演為起點，同時著眼當前情勢，乃是1949年後兩岸不斷磨合下的產物，跳脫「中國」的框架與迷思，將敘事長度延伸至定稿的前一刻。是一部層次分明的中國近三百五十年史。

明清史（增訂二版）　　　　陳捷先／著

當過和尚的朱元璋如何擊敗群雄、一統天下？明朝士大夫們各立門戶、互相攻訐，他們在爭論什麼？順治帝有沒有出家五台山？乾隆皇究竟是不是漢人？本書作者爬梳大量的中外文及滿文史料，澄清不少野史及戲曲中的謬誤傳說，以深入淺出的筆法，清晰地介紹明清兩朝的建國歷程和典章制度，並以獨到的見解，析論兩朝盛衰之因，值得關心明清史事的人一讀。

新臺灣史讀本

江燦騰、陳正茂／著

《新臺灣史讀本》之所以「新」，在於其與時俱進，內容涵蓋史前史乃至當前臺灣最新的政治動向。跳脫政治更迭與經濟變遷之窠臼，文學、美術、戲劇、音樂、電影、舞蹈也都走進臺灣史，刻劃各時期的政治氛圍及經濟糾葛。為何現代文學與鄉土文學針鋒相對？臺灣電影的載浮載沉從何說起？雲門舞集如何躍上國際舞臺，成為臺灣人的驕傲？本書將給您耳目一新的臺灣史！

臺灣開發史（增訂五版）

薛化元／編著

臺灣有文字記載的歷史時代大約從十七世紀開始，距今不過四百年左右。但是若以臺灣島作為歷史研究的對象，單單原住民諸族群社會文化的傳承，臺灣歷史就非短短四百年所能涵蓋。本書以考古與原住民社會作為開端，迄於戰後臺灣的歷史發展，除討論臺灣政治歷史發展之外，對於人民生活及社經文化的演變亦多著墨。透過本書，對於臺灣整體的歷史圖像當有較全面性的認識。

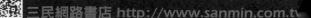